Q 739.
8 T.f.

42 77

# MANUEL
### DE LA
# LIBRAIRIE.

# MANUEL DE LA LIBRAIRIE,

CONTENANT LES NOMS

## DES LIBRAIRES ET IMPRIMEURS

DE LA MAJEURE PARTIE

## DES VILLES DE L'EUROPE,

PRÉCÉDÉ

D'une Instruction sur les Lois et les Réglemens de la Librairie, les droits des Auteurs et de leurs héritiers; suivi des principaux LIBRAIRES ÉTRANGERS, qui font des Ventes de livres à l'encan, et d'une Notice des Feuilles périodiques qui annoncent les Ouvrages nouveaux.

## A PARIS,

CHEZ { DÉSOLNEUX, boulevard Saint-Martin, n°. 4; HÉNÉE et DUMAS, imprimeurs-libraires, rue Saint-André-des-Arcs, n°. 3, maison de feu M. KNAPEN; et le 8 octobre, rue et en face l'église Saint-Severin, n°. 8.

M. D. CCC. VII.

## AVIS DE L'ÉDITEUR.

En publiant ce Manuel, nous nous sommes proposé d'être utiles aux Libraires, en leur procurant les moyens de répandre des Prospectus, des Catalogues, et d'étendre leurs correspondances.

En adoptant ce format, propre à faire un Agenda ou Journal de poche, nous avons eu en vue particulièrement les Commis-voyageurs.

Désirant donner à ce petit Ouvrage toute la perfection dont il peut être susceptible, nous invitons les personnes qui pourraient remarquer des erreurs ou des omissions importantes, à nous faire passer les renseignemens propres à les réparer; nous les recevrons avec confiance, pourvu qu'elles aient soin d'affranchir leurs lettres.

*Nota.* Voyez les SUPPLÉMENT ET AVIS TARDIFS, ci-après, page 53 et suivantes; et *Changemens de Domicile*, page 59.

# ADMINISTRATION
## DE LA
## LIBRAIRIE ET IMPRIMERIE
## DE FRANCE.

Son Excellence Mgr. Regnier, grand-juge, ministre de la Justice, grand-cordon de la Légion d'Honneur, place Vendôme.

Le grand-juge donne ses audiences publiques les vendredis, depuis dix heures jusqu'à midi. C'est dans ses bureaux que se présentent les pétitions dont le but est d'obtenir la publication de nouveaux journaux.

M. Dubois, conseiller d'état, préfet de police, l'un des commandans de la Légion d'Honneur.

M. Piis, secrétaire-général, membre de la Légion d'Honneur.

M. Boucheseiche, chef du troisième bureau de la première division. C'est dans ses attributions que se trouvent l'imprimerie, la librairie, les journaux et pamphlets, les peintures et gravures, les colporteurs de journaux, les afficheurs, etc. etc.

Pour obtenir la permission de la vente d'un livre, on en présente un exemplaire à S. Exc. Mgr. le sénateur Fouché, ministre de la police générale, grand cordon de la Légion d'Honneur, en son hôtel, rue des SS.-Pères, faubourg S.-Germain. Il fait savoir dans la huitaine si on l'a obtenue; ce délai expiré, on fait publier l'ouvrage, et pour cet effet deux exemplaires sont envoyés aux auteurs des ouvrages périodiques.

Pour constater sa propriété, il est nécessaire de faire le dépôt de deux exemplaires de l'ouvrage à la bibliothèque impériale, rue de la Loi. Là, M. Capperonnier et M. Van-Praet, administrateurs-conservateurs des livres imprimés, donnent l'un ou l'autre un reçu du dépôt; ce qui devient indispensable en cas de contestations, et sert à rétablir le titre de propriété contre les contrefacteurs.

---

*Lois relatives à la Librairie.* — *Des formalités à observer pour atteindre les contrefacteurs.*

*Décret de la Convention nationale, du 19 juillet 1793, relatif aux droits de propriété des auteurs d'écrits en tout genre, des compositeurs de musique, des peintres et dessinateurs.*

La Convention nationale, après avoir entendu son comité d'instruction publique, décrète ce qui suit :

Art. I. Les auteurs d'écrits en tout genre, les compositeurs de musique, les peintres et dessinateurs qui feront graver des tableaux ou dessins, jouiront, durant leur vie entière, du droit exclusif de vendre, faire vendre, distribuer leurs ouvrages dans le territoire de la République, et d'en céder la propriété en tout ou en partie.

II. Leurs héritiers ou cessionnaires jouiront du même droit durant l'espace de dix après la mort des auteurs.

III. Les officiers de paix seront tenus de faire confisquer à la requisition et au profit des auteurs, compositeurs, peintres ou dessinateurs et autres, leurs héritiers ou cessionnaires, tous les exemplaires des éditions imprimées ou gravées sans la permisssion formelle et par écrit des auteurs.

IV. Tout contrefacteur sera tenu de payer au véritable propriétaire une somme équivalente au prix de trois mille exemplaires de l'édition originale.

V. Tout débitant d'édition contrefaite, s'il n'est pas reconnu contrefacteur, sera tenu de payer au véritable propriétaire une somme équivalente au prix de cinq cents exemplaires de l'édition originale.

VI. Tout citoyen qui mettra au jour un ouvrage, soit de littérature ou de gravure, dans quelque genre que ce soit, sera obligé d'en déposer deux exemplaires à la bibliothèque nationale ou au cabinet des estampes de la République, dont il recevra un reçu signé par le bibliothécaire ; faute de quoi il ne pourra être admis en justice pour la poursuite des contrefacteurs.

VII. Les héritiers de l'auteur d'un ouvrage de littérature ou de gravure, ou de toute autre production de l'esprit ou de génie qui appartienne aux beaux-arts, en auront la propriété exclusive pendant dix années.

---

*Loi du 25 prairial an 3, interprétative de celle du 19 juillet 1793, qui assure aux auteurs et artistes la propriété de leurs ouvrages.*

La convention nationale, après avoir entendu le rapport de ses comités de législation et d'instruction publique, sur plusieurs demandes en explication de l'article III de la loi du 19 juillet 1792 dont l'objet est d'assurer aux auteurs et artistes la propriété de leurs ouvrages, par des mesures répressives contre les contrefacteurs, décrète ce qui suit :

Art. I. Les fonctions attribuées aux officiers de paix par l'article III de la loi du 19 juillet 1793 (*vieux style*), seront à l'avenir exercées par les commissaires de police, et par les juges de paix dans les lieux où il n'y a pas de commissaire de police.

II. Le présent décret sera inséré au bulletin de correspondance.

En remplissant les formalités requises pour constater la propriété, c'est-à-dire, le dépôt à la bibliothèque nationale, l'ouvrage est placé sous la sauve-garde des lois; tout contrefacteur et débitant de l'édition contrefaite peuvent être poursuivis devant les tribunaux. La plainte se porte devant les commissaires de police, juges de paix, etc.

*Des prospectus et catalogues. Formalités auxquelles on est tenu.*

Les prospectus qui sont le plan de l'ouvrage qu'on projette, renferment souvent une souscription.

Les souscriptions ne peuvent être ouvertes, suivant les réglemens, que chez les libraires, parce que leur état et leur fortune répondent de l'argent que le public veut bien avancer.

On fait connaître les propectus ou annonces par la voie des journaux et autres ouvrages périodiques, de la même manière qu'on en use pour les ouvrages.

Mais il est indispensable, ainsi que pour les catalogues, s'ils contiennent moins de deux feuilles, de les faire timbrer.

On les met à découvert sous bande; les frais à la poste sont de 5 cent. par feuille pour toute la France.

# MANUEL
## DE LA LIBRAIRIE.

Les Imprimeurs-Libraires sont désignés par une *, et les cabinets littéraires par les lettres C. L.

### ABBEVILLE.

Liévin.
Penthiau.

### AGDE.

Rouanet.

### AGEN.

Dourdin.
Noubel.

### AIX. (B.-du-Rhône.)

Lebouteux.
Mouret.
Ponthier.

### AIX-LA-CHAPELLE.

Barchon. (L. F.)
Laruelle.
Niver et Gudell.
Saint-Aubin et fils.
Steill. (Carl.) *et estampes, musique, etc.*

### ALBY.

* Baurent. (D. A.)
* Bodière.
* Collasson.

### ALENÇON.

Jouanne (A.)
* Malassis.

### ALTENBOURG. (Saxe.)

* Fielder.
Petersen. (F.)
Richter. (J. F.)
Seidler.

### ALTONA.

Bechtold. (F.)
* Eckhard.
Eckstorff junior. (H. C.)
Hammerich (J. F.)
Korte (P. W.)
Kaven. (J. H.)
Pinckvoss (C. G.)

\* Schmitz.
\* Schulz. (J.)
\* Vollmer.

## AMIENS.

Allot (An.)
Caron aîné.
Caron-Berquier. (F.)
Choquet.
Darras.
Maisnel fils.
Mariette.
Patin.
Planchon.
\* Vallois.

## AMSTERDAM.

Allert.
Buffa et comp., *marchands de tableaux*.
Coclers.
Dufour. (G.)
Geyler et comp.
Guérin et comp.
Gullick. (J. van)
Holtrop (W.)
Hesse.
\* Jonker.
\* Leeneman, Verderkrœ et Cappel.
Meens (A.)
Schnurmann (D.)
Sellschop.
Uylenbroek (P.)
Velding (H.)
Verlem. (J.)
Warnars (G.)
Yntema et comp. (J. W.)

## ANCLAM.

Berge (G.)
Hindenberg (F. W.)

Stavenhagen (D.) *C. L.*

## ANCONE.

Balaffi. (N.)
Sartorio et fils.

## ANGERS.

Fournier-Mame.
Jahier.
\* Mame frères.

## ANGOULÊME.

Bargas.
Broquiers.
Marot.

## ANNABERG. (*Saxe.*)

Fieyer (C. G.)

## ANSPACH.

Haueissen et Kraker.
Noterer (G.) *C. L.*
\* Priegel.

## ANVERS.

Allebé.
Ancelle.
Biacken. (H.)
Caravel.
Grange. (J. A.)
Parys (J. E.)
\* Vanderheyde.

## ARAU. (*Helvétie.*)

\* Beck.

## ARBOIS.

Faivre.

## ARLES.

Gaudion.
Mesnier.

## ARMSTADT.

*(Haute-Saxe.)*

Kluger.
Langbein (F. W.)

## ARRAS.

Boquet.
Desprez.
Guy de La Solommiou
Lalercq.
Topineau.

## AUCH.

Delclos.
Lacaze.
Larivière.

## AUGSBOURG.

Bringhaner.
Klett et Franck. (V<sup>e</sup>.)
Lotter. (Melchior)
Mens. (A.)
Rieger, fils de Mathieu.
Spath. (C. W.)
Spath. (G. F.)
Stage. (C. H.)
Veit frères.
Veit fils.
Wagner. (J.)
Wolf. (J.)

## AURICH. (*Frise.*)

Schultz. (J. A.)
* Winter.

## AURILLAC.

Lakayrie.
Vialanes.

## AUTUN.

Cormier.
De Jussieux.
Maron.

## AUXERRE.

Bonard.
Fournier. (F.)

## AVALON.

Hubert.

## AVIGNON.

* Aubanel. (V<sup>e</sup>.)
Bertrandet, *de Paris.*
Bouchet.
Bonnet.
Chambalu ainé.
Chayot ainé.
Dubiès.
Garigan ainé.
Guichard. (V<sup>e</sup>.)
Joly ainé.
Niel.
Offray fils.
Séguin et fils. (V<sup>e</sup>.)
Tournel cadet.

## BADE.

* Deinter.

## BASLE.

* Decker. (J.)
* Flick. (J. J.)

* Flick. (Samuel)
* Haag. (E.)
* Haas. (G.)
* Imhoff. (J. J.)
* Schoell et comp.
* Schweighauser. (J.)
* Serini (Vᵉ.)
* Thurneisen. (Em.)
* Thurneisen. (J. J.)
* Von Mechel frères.

## BAMBERG.

* Dienrich. (Vᵉ.)
* Gebhardt. (Vᵉ.)
* Gley.
* Lachmuller jeune.
* Martin.

## BAPAUME.

*(Pas-de-Calais.)*

Debeuguyere. (L.) *et papet.*

## BARBY.

* Mattheisen.

## BAR-SUR-ORNAIN.

Choppin.
Mécisson.

## BARCELONE.

Bernadette.
Echterling.
Bonardel et Simon.
Girard frères.

## BAREITH.

Grau.
Lubeck. (les hér.)

* Hagen.
Morg. (J. S.) *C. L.*

## BAUTZEN.

Arnold. (C. G.)
* Matthias.
Deintzer.
* Mondel.
Deachstadt.

## BAYEUX.

Groult fils.
* Nicole (Vᵉ.)

## BAYONNE.

Bernard.
Gosse et comp.
Bonzom.
Trebose et Gosse. (Vᵉ.)
Carré.

## BEAUNE.

Bernard-de-Fay.

## BEAUVAIS.

Chedin.
Desjardins.
Masson.

## BERG.

Albert-Haller.

## BERLIN.

Belitz et Braun.
Decker.
* Delagarde. (F. B.)
* Dietrici.
Felisch. (E.)

Franck. (A.)
Frohlich (H.)
* Hartmann (C. L.)
Haude et Spener.
Heinbourg (I. F.)
Hummel et comp.
L'académie de librairie.
Lange. (G. A.)
* Langhoff. (J. G.)
Lesser. (J.)
Maurer.
Matzdorf (C.)
Mettra.
Mylins (A.)
Nauck (G. C.)
Nicolai. (F.)
Nicolai (G. A.)
Oehmigke aîné.
Oehmigke jeune.
Pauli. (J.)
Piétra.
Réal. (Ch.)
Rellstab. (C. F.)
Rothmann (H. A.)
Sander. (H.)
Scholte.
* Schmidt.
Schone (C. G.)
Spener (J.)
* Starck.
* Unger. (J. F.)
Vieweg junior.
Voss.
Weyer (A.)

### BERENBOURG.

Bergmann.
Laulsch. C. L.
Kohl. C. L.

### BERNE.

Haller. (Em.)
Haller junior.
Hortin. (Em.)

Heinzmann.
La Société typographique.
Ochs. (A.) *anticaire*.

### BESANÇON.

Chalandre.
Chamberland.
Daclin. (Vᵉ.)
Deis.
Girard.
Meloyer.

### BLAYE.

* Antoine.

### BEZIERS.

Bousquet. (Vᵉ.)
Fonteneau.
Fusier.
Odezene.

### BLOIS.

* Billaud.

### BRELITZ. (*Silésie.*)

Kiesling. (J. R.)

### BIRMINGHAM.

* Pearson et Rollason.

### BOLOGNE. (*Italie.*)

Bouchard frères.
Luchesini.

### BONN.

Alshoven.
Guel.

## BORCETTE. (Roër.)

Leuvenick. (Vᵉ. Is. von)

## BORDEAUX.

Beaumé.
Bergeret.
* Bergeret neveu.
Buskel. (Vᵉ.)
Brossier.
Castillon frères.
Chapuis frères.
Gentmc. (Vᵉ.)
Gauvmy.
* Lacourt.
Lafitte.
Melon et comp. (A.)
Philibert.
Pellier (Mme.)
Plaisance.
* Pinard.
Thiron.

## BOTZEN, ou Botzano

### en Tyrol.

Wagner.

## BOULOGNE.

Buttel.
Daugerville.
Dhoyer.
Grisel.
Hauboult
Huin. (Vᵉ)
* Leroy.

## BOURG.

Janinet et comp.
Vernarel.

## BOURGES.

* Brulas.
Chediu.
* Delorme.
Gille.
Manuron.
Prevost (Vᵉ.)

## BRANDEBOURG.

Haller frères.
Leich. (A. F.)

## BREMEN.

Fresse.
Korber.
Kreis. (J. L.), *C. L.*
* Mayer. (D.)
Williams. (F.)

## BRESLAU.

Derk. (A. W. H.)
Gehr et comp. (A.)
* Grasse. (les hér.)
Korn aîné. (J. F.)
Korn jeune. (F. W.)
* Korn. (W. G.)
* Kreuze.
Luckard. (C. E.)
May. *Livres judaïques.*
Meyer. (E. G.)
Schaffer et Krieger. *C. L.*
Schall. (A.)
Steit. *C. L. de 25,000 tom.*
Woltersdorff.

## BREST.

Dauvin.
Dot.
* Egasse frères,

Gauchelet.
Lefournier.
* Malassi fils.
* Michel.

### BRIEG. (*Silésie.*)

Schlegel.
* Wohlfarth (C. G.)

### BRUGES.

Bogaert.
Debuscher.
Demoor.
Marlier.
Van-Pranet.

### BRUNN.
### (*Moravie.*)

Gastler.
Haller. (L. H.)
Siedler.
Trassler (J. G.)

### BRUNSWICK.

Bremer.
Campe (J. H.)
Fauche fils et comp.
Maisonfort.
Mayer.
Meissner.
Meyer (J. C.)
Schroder (C. A.)
Thomas. (Ch. F.)
Vieweg.
* Weissenhause.

### BRUXELLES.

Bertho.
Colaer.
Debouhers.
* Debrakonier.
Demat.
Devillebon.
Ermans.
Fabry.
Flon.
Lammens.
Lechalier.
Lefrancq.
Staplaux.
Vanderberghen.
Wahlen. (A.)
Weissenbruck.

### BUDINGEN.

Sthor (J. L.)

### BUNZLAU.

* Weissenhaus. et C. L.

### CADIX.

Bertrand et fils (V<sup>e</sup>)
Cariez et Bertrand.
Hermill.
Melquion et comp.
Moreau. (E.)
Salvador, Valverde et fils.

### CAEN.

* Chaloppin.
* Lebaron. (V<sup>e</sup>.)
* Leroy.
* Manoury aîné.
* Manoury jeune.
Malassi.
* Robillard.

### CAHORS.

Richard.

## CAHLA.

* Grunewald (H. J. A.) et commiss. en librairie.

## CALAIS.

Belgarde.
Delune.
* Maury.
Pigault.

## CAMBERG.

Hoffmann et comp.

## CAMBRAY.

Berthoud.
Hurez.

## CARCASSONNE.

Cazenave.
Hérisson.
Polere cadet.

## CARLSRUHE.

Macklott. (G. Ls.)
Muller. (Ch. Fr.)

## CASSEL.

Cramer. (les hérit.)
* Griesbach (J. H.)

## CASTELNAUDARY.

Pagan.

## CASTRES.

Lepoitier et Pilliamet.
Marcelin.

## CETTE.

Michel.

## CHALONS. (Marne.)

* Bouchard et Martin.
Briquet.
Demeze.
* Mercier.

## CHALONS. (Saône-et-Loire.)

Chambellan aîné.
Delorme. (V$^e$.)
Delespinosse.
Maudidier.
* Pilliot frères.

## CHAMBERY.

Puttroi.

## CHARLEVILLE.

* Guyot.
* Raucourt.

## CHARTRES.

* Deshayes.
Hervé.
Jouanne.
* Laballe.

## CHATELLERAULT.

* Drouault.

## CHAUMONT.

* Bouchard. (V$^e$.)

## CHEMNITZ. (Saxe.)

Hoffmann. (C.)

Kleefeld.
* Kretschmar. (C. G.)
Pulscher (C. F.) *C. L.*
Weschoff.

## CHERBOURG.

Moisson.

## CHINON.

Cosinal.

## CLERMONT-FERRANT.

Berthel.
Delcros et fils. (V<sup>e</sup>.)
Landriot.
Roussel.
Veysset.

## CLÈVES.

Hannermann.
Hoffmann.

## COBLENTZ.

* Lassaulx.

## COBOURG.

Ahl (R. A. W.)
Eberhard (J. D.)
Meussel.
Sinner.

## COLMAR.

Decker.
Fontaine.
Neukirch.

## COLOGNE.

* Bourel.
* Everhard.
Haas et fils.
Hamacher.
Imhoff.
* Hemscher.
Keil. (A.)
* Langen.
* Metternich (V<sup>e</sup>.)
Neuwirth.
* Oldenkoven et Thiriard.
Schmitz.
Simonis. (R.)

## CONSTANCE.

* Ludolph. (G.)
* Wagner.
* Waibel.

## COPENHAGUE.

Brumer.
Chevalier.
Febert et Nitsche.
Fumar.
Guidedahl.
Moller.
Pelt. (F. C.)
Philibert.
Proft et Storch.
Schneck. (A.), *C. L.*
Schuboth.
Stemann.

## COTHEN.

* Aue. (A.) *et C. L.*

## COURTRAY.

Gamba.

## COUTANCES.

Aannes.
Raisin.

### CREVELD.

Terner.
Van Cleff.
Walfin.

### CULMBACH.

Spindler. (A. F.)

### CUSTRIN.

* Trawitz.

### DARMSTADT.

Grau.
* Weltrich. (les hérit.)

### DANTZICK.

Bruckner.
Florke.
Schmidt.
Troschel. (F.)
Wedel.

### DELITSCH.
### (Saxe.)

Krause. C. L.
* Schmidt. (J. H.)

### DESSAU.

Muller. (C. G.)
Tanzer. (Henri)

### DEUX-PONTS.

Samson et comp.

### DIEPPE.

Dubus.
Godeby.
Joubert.

### DIJON.

Bidault.
Bligny.
* Capelle.
Coquet.
* Defay. (Bd.)
Marin.

### DOLE.

Joly.
Prud'homme.

### DORTMOND.

* Blothe et comp.

### DOUAI.

* Carpentier père.
* Carpentier fils.
Delanaye jeune.
Deperne.
* Descaux. (Vᵉ.) = Descamps
Dutilleul jeune.
Tarlier.
* Villette.
* Vinois fils.
* Wagrez. (Vᵉ.)

### DRESDE.

Arnold et Pinther.
Clarke. (C. G.)
Gerlach. (J.S.)
* Harpeter.
Hilcher. (P. C.)
Mainhold.
Muller. (H F.)
Pochmann. C. L.
Schmidt (J. F.) C. L.
Walther frères.

## DUBLIN.

Alister et fils.
Connelly.
Jones. (W.)

## DUISBOURG. (*Berg.*)

Cramer.
Hellwing frères.

## DUNKELSPUHL.

Schmeisser. (Chr. Fréd.)

## DUNKERQUE.

* Debaecker (P. J.)
* Drouillard (Jac. Jos.)
  Fremaux. (Ls.)
  Letocaut.
  Lorenzo. (E.)
  Lorenzo. (N.)
  Paulmier.
  Vanwormhoudt. (J. B.)
  Weims. (B.)

## DUSSELDORF.

Danzer. (J. Ch.)
Jacobi.
Schreiner. (J. B.)

## EDIMBOURG.

Balfour.
Logham.
Manners et Miller.

## EGER. (*Bohême.*)

Caal-Barth.

## EIBENSTOCK.

Wilde. (F.)

## EICHSLADT.

Cratz. (F. A.)

## EISENBERG.

Gute. *C. L.*
* Werther. (P. J. L.)

## ELBERFELD.

Mannes (J. A.)
Le Comptoir littéraire.

## ÉPINAL.

Boban.
Bugeart.
* Vautrain.

## EPERNAY.

Thiery.
Waren. (Fs.) *sur le marché.*

## ERFORT.

Beyer et Maring.
Gorling. (J. H.)
Hennings. (W.)
Keyser (G.)
Neumann.
* Nonne junior.
  Werber.
  Wollmer. (G.)

## ERLANG.

Bibelenstadt.
Cammerer. (V.)
* Kunstmann.
  Schubert.
* Schleich.
  Seiler.
* Walther.

## EVREUX.

Ancelle (J. K.)
Audigié.
* Despierre. (J. A.)
Magnier.
Lanoé.

## EYSENACH.

Griesbach.
Krumbhaar.
Witterkin.

## FALAISE.

Bouquet.
Latour.

## FÉCAMP.

Michel.

## FLENSBOURG.

Jessen. (P. F.)
Korte.

## FLORENCE.

Bouchard.
Molini.

## FOIX.

* Pomier aîné.

## FRANCFORT
(sur Mein.)

André.
Behrend.
Bronner. (H. L.)
Dietz. (J. C.)
Doring. (Ph. Jac.)
Eichenberg. (P.)
Esslinger. (Fréd.)
Gebhard et Korber.
Herrmann. (J.)
Jaeger.
Klimbt. (G. J.)
Korner. (Bd.)
Mohr. (J. C. B.)
Simon. (J. D.)
Streng. (Jn. Ph.)
Warentrappe et Wenner.
Willmans.

## FRANCFORT sur l'Oder.

* Apitz (C. E. D.)
Kunz,
L'Académie de Librairie.

## FRANKENHAUSEN.

* Coler. (J. A.)
Kolbenach aîné. *C. L.*
Grossmann.

## FRANCKENBERG.

Richer, et *C. L.*

## FRANKENTAL.

Krauss (J.)

## FREIBERG.

Cratz.
* Gerlach.
Klemmer. (C. G.)

## FRIBOURG. (*Brisgaw*.)

Fellner.
Wagner. (Al.)
Zehnder.

FRIBOURG.

## FRIBOURG.

(*Suisse.*)

Eggendorf.
Piller.

## FURT.

Geier (J. B.)
Scultz. (J.)
Zerndorfer et fils, *livres juifs.*

## GALAM.

(*Suède.*)

Magnus.
Blonster.

## GAND.

Barbot.
Beghyn. (J.)
Bogaert.
Degœssen.
Dicobus.
Degœssen-Veraige.
Degœssen. (Vᵉ.)
Dicobuk.
Fernand.
Pœlmann.
Stevens. (J. B.)

## GERA.

Beckmann.
* Haller et fils.
Heinsius. (W.)
Illgen. (H. G.)
Roth. (H. G.)

## GÊNES.

Bailleux.

Fantin, Gravier et comp.
Gamba.
Gravier (Yves).

## GENEVES.

* Demanget, et comp.
Dufart. (F. S.)
Duvernois.
Duvime.
Laussier.
Paschoud (J. J.)
Sestier, *impr. de la Feuille d'Avis.*

## GIESEN.

Heyer. (G. G.)
Stamm.

## GLASCOU.

* Foulis frères.
* Burghard (J. G.)

## GLATZ.

Peinemann.
Rordorf (J. C. F.)

## GLAUCHAU.

Keyser (J. F.) *C. L.*

## GORLITZ.

Anton. (C. G.)
Hermsdof.
Richter.
* Unger.
Valery.

## GOSLAR.

Kirchner.

## GOTHA.

Becker.
Ettinger.
Gerstenberg.
* Heybruch
Hild, *et comm:*
Roffer. *C. L.*
Perthes.
Schade. *C. L.*

## GOTTINGUE.

Bossiedel.
Bross (J. D.)
Dietrich (J. C.)
Hock et Ruprecht. (V. D.)
Kubler.
Kranzler. *et estampes.*
Rosenbusch.
Schneider.
Schroder.
* Schulze.

## GRASSE.

Girard.

## GRATZ.

* Ferstel (F.)
* Kienreich (J.)
  Miller. (F. Xer.)
  Trotscher (C. F.)
* Tusch (A.)

## GREIFSWALD.
### (Poméranie.)

* Eckard.
  Lange.

## GREITZ (*Saxe.*)

* Henning (C. H.)

## GRENOBLE.

Aillier.
Cadou et David.
David cadet.
Duband.
* Faure.
  Falcon.
* Peyronneau.

## GRIMMA.

Bornschein.
* Goschen (G. J.)

## GROS-GLOGAU.
### (*Silésie.*)

Gunther aîné.
Gunther jeune.

## GRULICH. (*Bohême.*)

Mandel. (Jn.)

## GUBEN. (*Lusace.*)

* Bruckner.
  Kohler. *C. L.*

## GUISE.

Magnier-Fontaine.

## GUNZHAUSEN.
### (*Anspach.*)

Spath, (G. F.) *d'Augsbourg.*

## HAGUENAU.

Kœsler. (R.)

## HALBERSTADT.

* Doll.
  Gross (les hérit.)

## HALL.
* Curtz.
* Dost (J. E.)
  Dreysig. (F. C.)
  Gebauer. (J.)
  Hammerde et Schwelschke.
* Hendel.
  Hummel junior.
* Osterloh.
  Renger.
* Ruff (J. G.)
* Trampen (V<sup>e</sup>.)
* Weissenhaus.

## HAMBOURG.

Bachmann et Gundermann.
Bode. (O. D.)
Bohn. (C. E.)
Bouvier et comp. (J. H.)
Bran. (A.)
* Branner. (J. M.)
Campe frères.
Chateauneuf. (V<sup>e</sup>. P.)
Fauche et comp. (P. F.)
Guerrier (F.)
Hamilton.
Hermann.
Hérold (C. H.)
Hoffmann (C. G.)
Korn. (J. G.)
Kratzch. (C. G.)
* May. (les hér.)
Meyn. ( J. G. W.)
Mutzenbecher.
Perthes. (F.)
Ramm (H. P.)
Remnant. (W.)
Roding (C. N.)
Ruprecht. (A. F.)

Schmidt. (A.)
Trappe. (D.)
Villaume. (H. L.)
Volmer.

## HANOVRE.

Freudenthal. (J. C.)
Hahn frères.
Helwing frères.
* Lamminger.
* Pockwitz junior (W.)
Ritzcher. (C.)
* Schluter. (C.)
Schmidt.
Ziesenitz.

## HAVRE.
Barbet.
Gilbert et comp.
Lagarde.
Laiguillon.
Patry.

## HEIDELBERG.

Pfahler.

## HEILBRONN.

Class.

## HELMSTADT.
*(Wolfenbutel.)*

Fleckeisen.
Kuhnlein.

## HERNHUTT.

Quant. (Gottlieb.)

## HILBOURGHAUSEN.

* Hanich. (J. Chr.)

## HILDERHEIM.

Gerstenberg, et Dittmar.
Tuchfeld.

## HIRSCHBERG.

*(Silésie.)*

Lom ainé.
Pittschiller et comp.

## HODIMONT,

*(près Vervier.)*

Devillers fils (J. J.)

## HOF.

* Bergmann.
Grau. (G. A.)
* Grattauer.

## HONFLEUR.

Dessaulx.

## IGLAU.

Barth.

## ILMENAU.

Rittershaus. (S. G. W.) *C. L.*

## INGOLSTADT.

Krull.

## INSPRUCK.

Fischer.
* Wagner.

## JAUER.

* Loper. (G.)

## JENA.

Croker.
* Ekzdorf et comp.
Fiedler. (C.)
Fromman. (F.)
* Frommann et Wesselhof.
Gabler. (C. E.)
* Gopferdt. (J. C.)
Hassler (J. F.)
Hempel.
*De l'Acad. littéraire.*
Le Bureau des expéditions
   des Gazettes.
Maucke. (J. M.)
* Prager et comp.
Sabler. (C. E.)
Stahl. (W.)
Voigt. (J. G.)

## KEMPTEN.

* Danheimer. (T.)
Kosel.

## KASCHAU.

*(Saxe.)*

Trummauer.

## KIEL.

*(Danemarck.)*

Bohn. (C. E.)
* Mohr.

## KLAGENFURTH.

Kleinmayer et Rumel.
Siegmund. (J.)

## KONIGGRATZ.

(*Bohême.*)

* Decker.

## KONIGSBERG.

Fasch.
* Hartnng (G. L.)
Nicolovius.

## KREMS.

Molst. (Antoine.)

## LAHAYE.

Bool. (J.)
Bethune.
Gosse-Teeckelenburgh.
Van Cleff frères.
Van Guillick.

## LANDSBERG.

Gerlach. *C. L.*
Pfauth.
Wenzel.

## LANDSHUT.

Hagen.
Scholtz. (Cl. Benj.)

## LANGENSALZA.

(*Saxe.*)

Zolling. (J. W.) *C. L.*

## LANGRE.

* Bernot.
Dufay.

Jacquart.
Ladmiral.
Royer.

## LAON.

* Courtois.
Derbigny Vᶜ.
Melleville.

## LA ROCHELLE.

* Cappon. (V)
Chabosseau.
* Chauvet.
* Legier.
Mesnier.
Pavie.
Sanlecque.
Pintenelle.

## LAUBAN.

(*Lusace.*)

Scharf jeune. (C. A. W.)
* Scharf père.

## LAUSANE.

Duraud, Ravel et comp.
Fischer et Vincent.
Grasset et comp.
Giegler et comp.
Henbach et comp.
Hignou et comp.
Lacombe.
Luquiens.
Mourer.
Pott et comp.

## LAVAL.

Audouart.
Grandpré.
Hoguereau. (R.)
Leconte. (Vᶜ.)

## LAYBACH.

Korn et comp. (W. H.)
Licht. (J. G.)

## LEER.

*(Frise.)*

Macken. (G. G.)

## LEIPSICK.

Barth. (J. A.)
Barthel. (C. G.)
Baumgartner.
Beer. (G.)
Bergand. (J. G.)
Bohme. (A. F.)
Bottger.
Breitkopf et Hartel.
Busche. (Ve.)
Cursius. (S. L.)
Durr et fils.
Dyk.
Feind. (J. G.)
Flachs. (F. W.)
Fleischer. (J. G.)
Fleischer junior.
Goth, *et estampes.*
Fritsch. (C.)
Georgi. (G. T.)
Gled. (les hér.)
Goschen. (G. J.)
Gothe. (G. L.)
Graff. (H.)
Graffé. (J. G.)
Granner
* Grieshammer (A. G.), *libr. françaises et autres.*
Gunther.
Hahmann. (J. J.)
Hechner.
Hedrich.
Hetzer. (J. G.)

Heinsius. (J. M.)
Hertel. (C. G.)
Heyne. (J. A. F.)
Hilscher. (C. G.)
Hofer.
Jacobaer. (F. G.)
Keck. (W.)
Klaubarth. (C.)
Kleefeld. (Von)
Kohler. (C. F.)
Kramer. (J. W.)
Kuch. (C. W.)
Kummer. (P. G.)
Leo. (F. A.), *française et anglaise.*
Leupold. (F. A.)
Liebeskind. (A. G.)
Linke. (S.)
Loper. (A. E.)
Martini. (G.)
Meissner. (G. B.)
Meyer. (G. D.)
Muller.
Muller. (E.)
Pott. (D.)
Rabenhorst. (C. G.), *franç. et anglaise.*
Reien. (W.)
Reinicke et Heinrichs, *française et anglaise.*
Richter. (J. G.)
Rah et Weigel.
Rumpf. (G. F.)
Schafer.
Schladebach. (J. G.)
Schwickert. (E. B.)
Seeger. (Th)
Solbrig. (J. E.)
Sommer. (W. G.)
Supprian. (F. L.)
Vogel. (P. F.)
Voss et comp.
Weidmann. (les h.)
Waygang.
Wolf. (P. P.)

## LEMGO.

Meyer.

## LEYDE.

Haak et comp.
Luthmans.
Murray frères.
Vandamme.

## LIBAU.

Friedrich.

## LIBOURNE.

Fontaine.

## LIEGE.

* Bassompierre. (J. F.)
  Bassompierre. (D. D.)
* Bourguignon.
  Bolen. (Mme.)
  Bérard.
  Colardin et Delvaux.
* D'auvrain.
  Deboubers.
* Delwaye.
  Demazeau.
* Desoer.
  Devillers.
* Dessaint. (Ve.)
  Duvivier.
* Latour.
  Lemarié.
* Leruite.
* Loxhai.
* Monens fils.
  Renoz.
  Warnotte.

## LIGNITZ.

* Bauman.

* Papes.
  Siegert.
  Riedel. C. L.

## LILLE.

Bloquet.
Castiaux.
Danel.
Dumortier.
* Jacquet.
  Hautecœur.
* Lefort.
  Lemaître.
  Toulotte, sur la gr. place.
  Vanackere.

## LIMOGES.

* Barbou.
  Bargeas.
* Chapoulaud.
  Drapeyron.
* Dalesme. (J. B. et H.)
* Farne. (J.)

## LINDAU.

Botzenhard. (B.)

## LINGEN.

July.

## LINTZ.

Bergmeister. (F. J.)
Eurich. (F.)
Munzer. (F. X.)
Rohrmoser.
Trattner, *de Vienne*.

## LISBONNE.

Bernard.
Bertrand et fils. (Ve.)
Borel et comp.

Dubœuf et Barneaux.
Dubye et comp.
Martin. (P.)
Paitiazini.
Reycends.

## LISIEUX.

Delaunay.
* Mistral.

## LIVERPOOL.

Ashton.
Crane. (Sel.)

## LIVOURNE.

Fontaine.
Gamba. (J.)
Masi et comp. (Th.)
Nataly.

## LOBENSTEIN.

* Fleck. (C.)

## LOCHES.

Maugeret.

## LOEBAU, *Lusace*.

* Schlenker.
Thieme.
Zinker. *C. L.*

## LONDRES.

Baynes. (W.)
Bell. (J.)
Bent. (W.)
Bickerstaff. (R.)
Black (A. et J)
Boosey. (T.)

Booth. (Jh.)
Bremer. (D.)
Cadell et Davies.
Carpenter et comp.
Cavell. (W.)
Chapman. (T.)
Chapple. (Clem.)
Chatfield. (J. et W.)
Clark. (W.)
Clarke et fils.
Collins. (W.)
Conder. (Th.)
Cooke. (Ch.)
Crosby et Litleman.
Cuthell. (Jh.)
Debrett. (Jh.)
Egerton. (T.)
Faulder. (R.)
Flexney. (W.)
Fores. (S.)
Gardner. (H.)
Geissweiler.
Genger et fils.
Hardy et fils.
Harrison, Cluse et comp.
Haydon. (W.)
Hayes. (J.)
Henington. (B.)
Hincksman. (R.)
Hogg. (A.)
Homan. (S.)
Hookham. (T.)
Hookham-Jorden.
Hurst. (T.)
Jackson. (W.)
Johnson. (J.)
Jones. (F.)
Jordan. (J. S.)
Kay. (T.)
Kearsley. (G.)
Kerby. (J. et E.)
Lane. (W.)
Law. (C.)
Leich. et Sotheby.
L'homme (L.), *libr. franc.*

Longman et Rees.
Lunn. (W. H.)
Matthew. (J.)
Miller. (W.)
Moore. (W.)
Murray et Higbley.
Nicol. (G. et W.)
Nunn. (J.)
Ogilvy.
Otridge et fils.
Parson. (J.)
Payne. (J. C.)
Phyllips. (Wm.)
Phyllips. (R.)
Price. (D.)
Pridden. (J.)
Priestley. (J. R. et G.)
Reynolds. (T.)
Richardson et fils.
Rivington. (F. et C.)
Robinson. G. et J.)
Robson. (J.)
Ryan.
Sael. (G.)
Scatchert. (J.)
Scrutton. (R.)
Seeley. (L. B.)
Sewel. (J.)
Stace. (M.)
Stawnton-Sandys.
Steel. (D.)
Sewart. (W.)
Stockdale. (J.)
Symonds. (H. D.)
Taylor. (J.)
Vardon. (J.)
Vernor et Hood.
Walker. (J.)
Walker. (D.)
Walker et comp.
Walter. (J.)
Watson. (M.)
Westley. (R. H.)
Wheble. (J.)
White. (J.)

Wilkie. (G.)
Williams. (E. et E.)
Wingrave. (F.)
Wright.

LONS-LE-SAUNIER.

Canevat.

LORIENT.

* Baudouin. (V$^e$.)
Duval.
Fauvel.
* Fentrey. (V$^e$.)
Lerout-St.-Haouin.
Lejeune.
Pontois. (Nadien.)

LOUISBOURG,

(*Wurtemberg.*)

Cotta.

LOUVAIN.

Vanderhaert.

LUBBEN, (*Lusace.*)

Erbstein et fils.
* Ritter, et C. L.

LUBECK.

Bohn. (J. F.)
* Donatius.
* Grenn. (V$^e$.)
Hellmann.
Iversen et comp.
* Romhild. (J. F.)
Rollf.
Schmidt. (J.)
Wersen. (D.)

## LUCERNE.

Anich. (M.)
Balthazard et comp. *lib. fr.*
Meyer. *imp. franç. et All.*

## LUNEBOURG.

Erencke. (G. F.)
Herold et Wahlstadt.

## LUNEVILLE.

Antoine.
Chenoux.
Messui.

## LUXEMBOURG.

Berg. (Ve.)
* Bruck. (P)
Cercelet.

## LYON.

Aynez frères.
* Ballanche et fils.
Burrean. (Ve.)
* Bernad.
Blache et Bange.
Bohaire.
* Bruisset aîné et Raynaud.
Brusset-Ponthus.
Chabert.
Cormon et Blanc.
Cretin.
Devrieux.
Garnier.
Grabit.
Guy et comp.
Lafarge.
Leclerc. (F.)
* Leroy (A.), *livres de fond.*
Maire.

Marsil.
Matheron.
Molin.
* Perisse frères.
Pillon.
Reymann et comp.
Robert et Gauthier.
Roland et Rivoir.
* Russan et comp. (Ve.)
Savy frères.
Sellier. C. L.
Thomassin. (Ve.)
* Tournachon.
Villeprend.

## MACON.

* Chassipolet frères.
Corinte.
Garcin.
Grosset.
Gogues.
* Moiroux.

## MADRID.

Alonzo. (Don Domingo.)
Barco. (Mel.)
Barthélemy frères.
Baylo. (Antonio)
Escamilla. (M.)
Francees. (Valentin)
Godos. (Manuel)
Masco. (L. M.)
Martin. (A.)
Orcel.
Ramos de Aguilera.
Ramos. (S.)
Salcedo.
Sanchez. (Gabriel)
Sotto.
* Vega et comp.

## MAESTRICHT.

Cavelier.

Leroux et Ce.
Van Gulden.
Van Nypels.

## MAGDEBOURG.

Creulz (J. A.),
Gieske (J. C.)
Kiel.
Pope, *encan de livres.*
Schneidauer (J. C.),
Schropp (J. C.)

## MALINES.

Jeghers.
Vander Elst.

## MANHEIM.

Fontaine. (Cl.)
Loffler. (T.)
Kaufmann.
Kunst.
Schwan et Gotz,
*Comptoir littéraire.*

## MARIENBOURG.

Wilde. (F.), *et commissionnaire en librairie.*

## MANS.

Diveau.
* Lemonnier.
Roussel.
Toutain.
* Pivron.

## MARSEILLES.

Achard et comp.
Chaix-Chambon.
Chardon.
Charpentier.

Daniel.
Dutertre.
* Isnard.
Martin. (E.)
Michel. (G. D.)
Mossy. (J.)
Perrache.
Roullet.
Roustan.
Sube et Laporte.
Viret.
Vigier.

## MAYENCE.

Fischer. (J. P.)
Haffner.
Leroux. (A.), *et estampes.*
Sartorius.
Scholten.
Waldmann.
Wieland.

## MAYENNE.

Davoust. (Melle.)
Dutertre.

## MEININGEN.

Hanisch. (J. C.)
* Seiler. (A.)
* Hardmann.

## MEISSEN.

Erbstein. (C. F. W.)

## MENDES.

Pecoul.
Viguon.

## METZ.

* Antoine. (P.)

* Behmer.
* Colignon.
Devilly.
Lynort.
Michel.
Mouxaux.

## MERSBOURG.

Wagner et comp.

## MEZIERE.

* Treconti.

## MILAN.

* Agnelli (Fréd.).
* Dumolard et comp.
* Galeazi.
Geigler et comp.
Pirota et Maspero.
Reycends.
Simson et comp.
Velarduuy.

## MINDEN.

Korbet, (Guste Henri)

## MODENE.

Abortetti.

## MONS.

Mattin.
Wilmet.

## MONTAUBAN.

Ballard, (J.)
Crosilhes, (Ch.).
Laforgue.
Rethoré fils.

## MONTPELLIER.

Durville.

Fontanes.
Furnal.
Reynaud.
Vidal.

## MORGES (*Suisse*).

Morlot, (Henri).
Schnell, (Charles).

## MORLAIX.

Guillemet frères.
Guyon.

## MOSCOW.

Riss et Saucet.

## MOULIN.

Desrosier.
Esnault.
Place et Bujon.

## MULHAUSIN.
(*Haut-Rhin.*)

Rissler et Cⁱᵉ. (J.)

## MULHAUSEN. (*Saxe*)

Danner.
* Muller.

## MUNCHEN. (*Bavière*)

* Franz.
Lentner.
Lindauer.
Strobel.

## MUNICH.

Cratz.
Richter.

Richter.

## MUNSTER.

* Axhendorff (les heritiers).
Plattvoet.
Perrenon.
Theising.
Waldeck.

## NAMUR.

Dujardin, mais. Lechalier.
* Flahuteaux.
Gérard (D.)
Lafontaine.
* Leclercq.
Martin. (J.)
Stapleaux.

## NANCY.

* Barbier.
Bonthoux.
Charpin.
Dalancourt. (V<sup>e</sup>.)
* Guivard.
* Hœner et Delahaye.
Leseur aîné.
Leseur-Gervois.
Mathieu-Babin.
Vignol.
Vincenot.

## NANTES.

Baudin aîné.
* Brun.
Busseuil.
Forest. (Ch.)
Labaye.
Guichard. (P.) C. L.
Guimard.
* Malassis. (V<sup>e</sup>.)
Saint-Aubin.

## NAPLES.

Gignet et Michaud.
Hermil. (Ant.)
Lioto. (Js.)
Meranda et C<sup>e</sup>.
Murray frères.
Porcelly frères.
Rolandi et fils.
Stasi.
Terret frères.

## NAPOLEON, ci-devant

### Roche-sur-Yon.

* Goichot.
* Habert.

## NARBONNE.

* Besse.
Descamp.
Gaillard.

## NAUMBOURG.

Elbert. (C. L.)
* Uhlig. (J.)
Vogel. (C. L.)

## NEAU ou EUPEN.

Beker. (Casp.)

## NEISSE. (Silésie.)

Ronsdorf. (J. E. F.) *Filial de Glatz.*

## NEUCHATEL.

Borel. (L.)
Fauche. (A.)

Ferny.
Vitel.

**NEUHAUS.** (*Bohême.*)

* Hugarthner.

**NEURUPPIN.**

* Kuhn. (J. B.)

**NEUSTADT sur-Aiche,**

(*Saxe.*)

Riedel. (P. L.) C. L.

**NEUSTADT sur-Orla,**

(*Saxe.*)

* Rathe.
Wagner, *et commiss.*

**NEUSTARGARD.**

(*Poméranie.*)

* Hendes.
Holtzendorf.
Sucoow.
Zauker.

**NEUWIED.**

Gehra. (J. L.)
La Société Typographique.

**NEVERS.**

* Lefevre ainé.
Lefevre jeune.
Martin.
* Roch.

**NICE.**

Canis et comp.
Cognet fils et comp.
André, *directeur de la Société Typograph.*

**NIORT.**

Aurillat. (F.)
Dupierry.
Gueffre.

**NISMES.**

* Beaume.
Fernelle.
* Gaude et fils.
Maux-Bouchet.
Pouchon. (S.)

**NORDHAUSEN.**

Gross.

**NORDLINGEN.**

Becke. (Cl. Gott)

**NOYON.**

* Amandry.
Despalles.
Devin.

**NUREMBERG.**

Bauer et Weicht.
Endter. (J. A.)
Felsecker. (les enf.)
Frauenholz.
* Grattenauer. (E. C.)
Leschner. (J. L. S.)

Manath et Kussler.
Maan junior.
Pech et comp.
Rappen. (G. N.)
Rau. (E. A.)
Riegel et Weissner.
Schwartzkopp.
Schneider et Weigel.
Stein. (J. A.)
Stiebner. (les hér.)
Wolf-Penkert.
Zeh. (J. E.)

### OEHRINGEN.

* Holl.
* Moss.
  Schmeisser.

### OELS.

* Ludwig.

### OFFENBACH.

Andreä.
Weiss et Bred.

### OLMUTZ.

Gastel. (J. G.)
Starnitz. (J.)

### OPPELN.

* Belitz. (Ant.)
  Gieschff. (A.) C. L.

### ORANIENBOURG.

Rapin. C. L. et *librairie française.*

### ORLEANS.

Berthevin.
Chapel-de-Villers.
Chevillon.
* Darnault-Maurand.
* Guyot et Beanfort.
* Huet-Perdoux.
* Jacob aîné.
* Letourmy.
  Rousseau-Montault.

### OSCHATZ.

Hansch. C. L.
* Oeldenkop. (F.)

### OSTENDE.

* Brieux.
* Scheldewant.

### PADOUE.

Conzate.
Masré.
Rapin.

### PALERME.

Abbate. (Fs.)
Abbate. (R.)
Dippolita.
Orel.
Rapetty.
Soli.
Valenza.

### PAMPELUNE.

Longas et fils. (Ve.)

## PARIS.

* Agasse, rue des Poitevins, n°. 6.
* Allut, r. de l'Ecole de Médecine, 8.

Amable Coste, quai des Augustins.
Ancelle, r. de la Harpe, 44
Antoine, à la grille du gr. escalier. Palais-Royal, 24.
Artaud, quai des August. 15.
Arthus-Bertrand, r. Hautefeuille, 23.
Aubert, r. S. Lazare, 42.
Aze, pal. du Tribunat, 51.
Bachelier, quai des Augustins, 37.
Bacot, pal. du Tribunat.
* Bailleul, r. Helvétius, 71.
Barba, pal. du Tribunat, 51.
* Barbou, r. des Mathur., 5.
Barrois (Théo.), r. Hautefeuille, 28.
Barrois fils (Théoph.), quai Voltaire, 5.
Barrois aîné et fils, r. de Savoie, 23.
Bastien, r. de la Harpe, 23.
Batillot, r. du Cimetière-S.-André, 13.
Batillot jeune, r. Hautefeuille, 8.
Beauchamp, boulev. Montmartre, 17.
Belin, r. S.-Jacques, 41.
Benoist-Dumont r. Croix-des-Petits-Champs, 29.
Benoist (Madame), r. du Théâtre-Français, 38.
Bernard, quai des Augustins, 25.

Bernard, r. des Grands-Augustins, 25.
* Bertrand-Pottier et Félix-Bertrand, r. de la Parcheminerie.
Bertrandet, pont S.-Michel.
Bertin frères, r. des Grands-Augustins, 28.
Bichois (V<sup>e</sup>.), r. du Marché-Palu, 13.
Bidault, r. et hôtel Serpente, 16.
Billois, quai des Augustins, 31.
Blanchon, r. et hôtel Serpente, 16.
Bleuet père, pont St.-Michel, 25
Bleuet aîné, r Thionville, 18
Blondel, r. St-Germain-l'Auxerrois, 24.
Borniche, r. S.-Jacques, 62.
* Bossange, Masson et Besson, r. de Tournon, 6.
Boulard, r. des Lombards, 35.
Bommard, galeries du Tribunat, 3.
Bouquet (V<sup>e</sup>), r. Galande, 37.
Brajeux, r. S.-Severin, 30.
Briant et Letellier, r. des Fossés-M.-le-Prince, 6.
Brochot et compagnie, r. de l'Eperon, 10.
Brosson, r. Pierre-Sarrasin, 9.
Brunet, r. Gît-le-Coeur, 4.
Brunot, r. de Grenelle St.-Honoré, 15.
Bruneau, passage du Panorama, *et commissionn.*

Buisson, r. Gît-le-cœur, 10.
* Caillot, r. du Hurepoix, 17.
Capelle et Renaud, r J.J Rousseau, 6. *commiss.*
Cavagnac (mad) passage du Panorama, 5.
Chabot, r. de Seine S.-Germain, 21.
* Chaigneau aîné, r. de la Monnaie, 11.
* Chaigneau jeune, r. S.-André-des-Arcs.
Charbonnier, cour Lamoignon, 43.
Charpentier, pal. du Tribunat, voûte du grand escalier.
Chaumont (Jos.), palais du Tribunat, galeries de bois, 188.
Charron, passage Feydeau.
Chatel, r. de la Verrerie, 61, *et commissionn.*
Chenu, passage du Caire.
Chevalier, au Louvre.
Cérioux, quai Voltaire, 17.
Cerioux jeune, r. des Petits-Pères.
Clavelin, r. Pavée S.-André, 19.
Clerc, petite r. du Rempart S.-Honoré, 4.
Cocheris fils, quai Voltaire, 17.
Cogé, r. Gît-le-Cœur, 5.
Colas, place Sorbonne, 4.
Colas, r. du Vieux-Colombier, 26.
Colin, au Louvre.
Colin (L), r Gît-le-cœur, 4.
Colnet, r. du Bac, 1
Cordange, boul. S.-Martin, 51. *C. L.*
Cordier, r. d'Argenteuil, 18.

* Cordier et Legras, r. Galande, 43.
* Courcier, quai des Augustins, 57.
Crapart, Caille et Ravier, r. Pavée S. André-des-Arcs, 17
Cretté, place de la Réunion, 9
Crochard, r. de l'Ecole de Médecine.
Croullebois r. des Mathurins S.-Jacques, 17.
Crozet, r. du Lycée, 1.
* Cussac, r. Croix-des-Petits-Champs, 23.
Dabin, palais du Tribunat, pass. de la cour des Fontaines.
Dassis, r. Ste.-Hyacinthe, 8.
Dartaire, r. des Petits-Pères, *C. L.*
Debarssaux, quai Voltaire, 5.
Debray, r. S.-Honoré, barrière des Sergens, 168.
Debure aîné, r. Serpente, 7.
Defresne, r. S.-Honoré, 15.
* Dehansy, r. S.-Benoit, 1.
Delalain fils, quai des Augustins, 33.
* Delalain (Aug), r. S.-Jacques, 38.
Delaplace, r. Pavée S.-André, 14.
Delaunay, pal. du Tribunat, 43.
Delespinasse, r. Thionville, 21.
* Demoraine, r. du P.-Pont, 18. *imprimeur des anc. Étrennes mignonnes.*
Denne jeune, r. Vivienne, 10
* Dentu, quai des Augustins, 17.

Desaint (V<sup>e</sup>.), r. du Foin S. Jacques, 8.
De Saint-Jorre, pal. du Tribunat, 156, *C. L.*
Desenne, pal. du Tribunat, 26.
Deslions, r Grenelle S.-Honoré, 30. *C. L.*
Després, r. des Prêtres St-Germain, 13.
Desray, r. Hautefeuille, 4.
Desessarts, r. du Théâtre-Français, 38.
Déterville, r. du Battoir, 26.
Devaux (Mad ), r. des Fossés-S.-Germ.-l'Auxerr. 35.
Devaux, r. de Malte, 11.
* Didot (Firmin), r. Thionville, 10.
* Didot (P.), r. du Pont-de-Lodi, 6.
* Didot jeune, r. des Maçons-Sorbonne.
* Dondey, r. N.-S.-Marc. 10.
Drouin, r. de l'Egalité St.-Germain, 10.
Dubois (mad.), r. du Marché-Palu, 26.
Dubois, r. de la Liberté, 15.
Dubroca, r. Christine, 8.
Duchesne, r. des Grands-Augustins, 7.
* Dufart fils, r. des Mathurins, 10.
Dufay, passage du Saumon, 114.
Duffaux (V<sup>e</sup>.), r. du Coq, 6.
Dufour, r des Mathurins, 7.
Dufresne (V<sup>e</sup>.), pal. de Justice, galerie des Pris. 3.
Dujardin Sailly, r. d'Enfer, 14
Dujardin, r. de la Harpe, 81, *commiss.*
Duponcel, pl. Sorbonne, 3.
Duponcet, quai de la Grève, 3.
Duprat, r. des Grands-Augustins, 21.
Durosier, r. S.-Jacques, 216.
Dutrosne, r. N -D.-des-Victoires.
Fremont, r. de Vaugirard, 60.
Fantin, Gravier et comp., quai des Augustins, 21.
Fayolle, r. S -Honoré, 284.
Fichon, palais du Tribunat, 52.
Fournier (V<sup>e</sup>.), r. N.-Notre-Dame, 23.
* Fournier frères, r. des Rats, 14.
Framart, r. du Hurepoix, 17.
Frechet, r. du Petit-Bourbon S.-Sulpice, 1, *commiss.*
Gabon et comp., pl. de l'École de Médecine, 13.
Garnery, r. de Seine S.-Germain, 6.
Gay, r. de la Harpe, 83.
Genest jeune, r. Thionville, 14.
Gerard, r. S.-André-des-Arcs, 59.
Gide, r. Christine, 5.
* Giguet et Michaud, r. des Bons-Enfans, 34.
Gilbert et comp., r. Serpente, 10.
Gœury, quai des Augustins, 41.
Gosset, pal. du Tribunat, galerie des Libraires, 14.
Goujon, r. du Bac, 34.
Goujon, r. du Coq S.-Honoré, 8.
Grégoire, r. Gît-le-Cœur, 5.
Guichard, r. N.-des-Petits-Champs, 5.

* Guillaume, r. de la Harpe, 94.
Guillemart, pal. du Tribun.
Guilleminet, r. des Fossés-Montmartre, 6.
Guillemot, passage du Saumon, 3.
Harbour, r. de la Feuillade.
Henrichs, r. de la Loi, 10.
* Hénée et Dumas, r. S.-André-des-Arcs, 3, ancienne maison de feu M. Knapen.
Henry, r. S.-Sulpice, 12.
* Hacquart, r. Gît-le-Cœur, 8.
Hocard (Mad.), r. de l'Eperon, 6.
Hocquet, r. S.-Sulpice.
Housset, r. Montmartre, 174, (*pour les Œuvres de Voltaire.*)
Houzet, r. Jacob, 4.
Huet, r. Vivienne, 5.
Humbert, r. de Grenelle, 14, C. L.
* Huzard (Mad.), r. de l'Eperon, 7.
Jacob (Mad.), pal. du Tribunat, gal. des Libr. 12.
Janet, r. S.-Jacques, 59.
Jardel, r. de Vaugirard, 17.
Johanneau, pal. du Tribunat, galerie de bois, 237.
Jouhannen, quai de l'Horloge, 17.
Julien (M.lle), r. Mandar, 14.
Kilian, quai Voltaire, 19.
Klopfer, au Théâtre-Franç.
Kœnig (Amand), quai des Augustins, 25.
Labitté, r. du Bac, 1.
Labrousse, r. de Seine S.-Germain, 12.
Laclaye, r. S.-Victor, 49.
Lajouchère, pal. du Tribun. galerie des Libraires, 10.

Laloi, r. de la Loi, 95.
Lamy, r. du Hurepoix, 21.
Lamyre, r. du Foin S.-Jacques, 277.
Langlois (H.), r. de Seine S.-Germain, 6.
Langlois, r. du Petit-Pont.
Laporte, r. de Savoie, 5.
Latour, pal. du Tribunat, grande cour.
* Laurens jeune, r. S.-Jacques, 61.
Lebour, pal. du Tribunat, galerie des Libraires, 1.
Leboucher (V.e), pass. de la grande cour du Tribunat.
* Leclerc (Ad.), quai des Augustins, 35.
Leclerc (T.), *idem*, 27.
Leclerc, boulev. S.-Martin, 5.
Lecouvreur (Mlle.), vestibule du Théâtre-Français, r. de la Loi.
Lefevre, r. Hautefeuille.
Lefevre, r. des Mathurins, 24.
Lefort, petite rue du Rempart, 11.
Legoupil, pal. du Tribunat, galerie de bois, 187.
Lemoine, r. N.-du-Luxembourg, 8.
Lemoine, boulevard de la Madeleine, 1.
Lemoine, boulevard Poissonnière, 20.
Lenoir, r. Neuve-des-Petits-Champs, 14.
* Lenormand, r. des Prêtres-S.-Germ.-l'Auxerrois, 14.
Lepetit (V.e), r. Pavée S.-André-des-Arcs, 2.
Lepetit, pal. du Tribunat, galerie des Libraires, 13.

Leprieur, r. des Noyers, 45.
* Lerouge, passage du Commerce S.-André-des-Arcs.
Letellier, r. de Rivoli, 3.
Levacher, r. du Hurepoix, 3.
Lhuillier, r. S.-Jacques, 55, *et commissionn.*
Locard, r. des Mathurins.
Locard, r. Froidmanteau, 19.
Louis, r. de Savoie, 6.
Ludet, r. des Mathurins, 23.
Magimel, quai des Augustins, 61.
Maillard (J. B.), r. du Pont-de-Lodi, 1.
Maillard (V<sup>e</sup>.), boulev. des Italiens, 2.
Maillard, pass. du Caire, 14.
Manso, r. S.-Jacques, 117.
Maradan, r. des Grands-Augustins, 9
Marchand, pass. Feydeau.
Marchand (J. A.), r. des Gr. Augustins, 20.
Mar. et C°., r. de Savoie, 12.
Martin, r. S.-André-des-Arcs, 60
Martin et Gauthier, r. du Cimetière S.-André-des-Arcs, 15.
Martinet, r. du Coq-S.-Honoré, 15.
Masson (Mme.), r. de l'Echelle, 10.
Mathey (Mme. Brigithe), grande cour du palais du Tribunat.
Maudouze (V<sup>e</sup>.), r. S.-Honoré
Méquignon aîné, r. de l'Ecole de Médecine, 9
Méquignon jeune, r. de la Harpe, au coin de la pl. Sorbonne.

Méquignon, pal. de Justice.
Méquignon, r. de la Loi, 7.
Mérigot, quai de l'Ecole, 8.
Melin, quai des Augus. 5.
Metayer, r Grammont, 23. *C L.*
Metier, r. du Pont-de-Lodi, 5.
Michel, r. du Coq S.-Honoré, 9.
* Migneret, r. du Sépulchre, 20.
Molini, r. de Touraine, 8.
Mongie aîné, cour des Fontaines, 1.
Mongie jeune, pal. du Tribunat, galer de bois, 208.
Moreau, r Froidmanteau, 1.
Montizon, r. Bonaparte, abbaye S -Germain.
Moreau, r. des Gr.-Augustins, 20.
Moutardier, quai des Augustins, 23.
Nyon (V<sup>e</sup>), r. du Jardinet, 1.
Nyon, pl. de la Monnaie, 13.
Obré, r. des Grands-Augustins, 24.
Onfroy, r S.-Jacques, 51.
Pallu, r. de la Harpe, 93.
* Panckouke (V<sup>e</sup>), r. de Grenelle S. Germain, 7.
Pathier aîné, r. du Hurepoix, 19
Pathier jeune, quai des Augustins, 19.
Paravicini, r. Helvétius, 77.
Parsons et Galignani r. et c. des Filles-S.-Thomas, 14. *Librairie étrangère.*
Pelicier, cour du palais du Tribunat, 4.
Périsse e. Compère, q. des Augustins, 47
Perlet, r. de Tournon, 7.

Pernier, r. de la Harpe, 6, (et gal. des Lib., pal. du Trib., 49.
Pernuisse, q. Volt., (et au pal. du Corps Législatif.)
Picard, r. Helvétius, 75.
Pichard, passage gr. cour du p. du Tribunat.
Pichard, q. Voltaire, 21.
Pigoreau, cl. S. Germain-l'Auxerrois, 24.
Pillot, q. Malaquais et Pont-Neuf.
Pillot j., r. de l'Arbre-Sec, 16.
Piltan, r. des SS. Pères, 22.
Pironnet, r. du Lycée, 1.
* Plassan, r. de Vaugirard, 9.
Ponthieu, q. des Aug., 41.
Potay, r. du Bacq, 48.
Perquet, r. de Grammont, 23.
Provent, q. Malaquais, 8.
Prudhomme, r. des Marais, faub. S.-Germain, 18.
Quoi, boulev. S.-Martin, 18.
Redon, q. Voltaire, 17.
Rémond, r. Pavé-S.-Aul. 11.
Renard, r. de l'Université, 12, et Caumartin, 5.
Renouard, r. S.-André-des-Arcs, 55.
Richard, q. Voltaire, 5.
Richard (V$^e$.), r. Haute-Feuille, 9.
Rigot, r. de l'Ecole de Médecine, 14.
Rondonneau, dépôt des lois et cab. littéraire, r. S.-Honoré, 323.
Roulet, au théâtre Franç. 3.
Roux, gal. des Libraires, pal. du Tribunat, 21.
Royez, r. du P. de Lodi, 7.
Saint-Étienne (V$^e$.) r. Choiseul, 1.
Samson, q. des August. 55.

Savoye, r. S.-Jacques, 19.
Schœll, r. des Maçons-Sorbonne, 19.
Salandier et Durand (V$^e$.), r. S.-Jacques, 164.
Servière, r. du Foin 11.
Silvestre (salle de vente), r. des Bons-Enfans, 30.
* Tardieu (H), passage du Panorama, 12.
Idem, r. des Mathurins.
* Testu, r. Haute-Feuille, 13, Almanach impérial.
Thouvenin, r. S.-André-des-Arcs, 58.
Tiger, pl. Cambray, 3.
Tilliard frères, r. Pavée, 16.
Tourneissen, r. de Seine, hôtel de la Rochef., 11.
Treutel et Würtz, r. de Lille, 17.
Truchy, r. Taitbout, 8.
* Valade, r. Coquillère, 27.
Va in, r. S.-Severin, 11.
Vaubertrand, r. de Grenelle-S.-Germain, 23.
Vandey, r. du Rempart, 7.
Vente, boulev. des Italiens, 6.
Vergani, quai de l'Horloge, 39.
Vignon, r. de Thionville, 27.
Villiers (V$^e$.), r. des Mathurins, 15.
Villet (Ch.), r. Haute-Feuille, 1.
Volland (Caliste), r. du Hurepoix, 19.
Volland (Denis), idem.
Warice, quai des Augustins, 13.
Warée, pl. de l'Ecole, 4.
Warée (G.), quai Voltaire, 21.

## Cabinets Littéraires.

Borniche, r. S. Jacques, au coin de celle des Mathurins.
Cordange, boul. S.-Martin.
Dutaize, r. des SS.-Pères, 1
De Saint-Pierre p l. du Tribunat, gal de pierres, 156
Deslions, r. de Grenelle-S.-Honoré 30
Humbert, idem 14
Rondonneau, r. S.-Honoré, 323
Julien (Mlle.) r. Mondar. 13.
Lacouturière, boulevard du Temple, 51.
Mathey (mad. Brigite) grande cour du pal. du Tribunat et libraires.
Métayer, r. Grammont, 23.

## Imprimeurs.

Agasse, r. des Poitevins, 14.
Allut, r. de l'Ecole de Médecine, 8.
Aumont, pl. Sorbonne, 3.
Bailleul (Ant.), r. Helvétius, 71.
Ballard, r. J.-J. Rousseau, 8.
Barbou, r. des Mathur. 5.
Baudouin (mad.), r. du Pot-de-Fer, 42.
Peraud, r. Mazarine, 20.
Bertrand, r. S.-Eloy, 1.
Bertrand - Pottier et Félix
Bertrand, r. de la Parcheminerie.
Bossange, Masson et Besson, r. de Tournon, 6.
Boiste, r. Haute-Feuille.
Boutonnet et Nicolas, r. Neuve-S.-Augustin, 5.

Brasseur aîné, r. de la Harpe, 93.
Caillot, q. des Augustins.
Caillot fils idem
Campenon r. du Foin, 6.
Chaigneau ainé, r. de la Monnaie, 11.
Chaigneau jeune, r. S. André des Arcs, 42.
Charles, r. de Seine S.-Germain, 16.
Cellot fils, r. des Grands-Augustins, 9.
Cordier, r. Favart, 6.
Courcier, quai des Augustins, 57.
Couturier, r. S.-Jacques, 51.
Crapelet, r. de la Harpe, 19.
Cussac r. Croix-des-Petits-Champs, 23.
Dehansy aîné, cloître S. Benoît, 12.
Delaguette (Ve), r. S.-Méry.
Delalain (Auguste), r. S.-Jacques 36.
Delance, r. des Mathur. 14.
Demonville et sœurs, r. Christine, 2.
Dentu, q. des August. 17.
Desbois, r. des Bernardins, 9.
Didot (Firmin), r. de Thionville, 24.
Didot (P). r. du Pont de Lodi, 6.
Didot jeune, r. des Maçons Sorbonne, 13.
Dondey, r. Culture-S.-Gervais, 20 et 2
(A prix fixe), r. Neuve-S.-Marc, 10.
Dubray, r. Ventadour (du Muséum Napoléon) 5.
Dufart, r. des Mathur., 8.
Duménil-Lesueur, r. de la Harpe, 78.

Eberhard, r. des Mathurins, 8.
Egron, r. des Noyers, 49.
Everat, r. S. Sauveur, 43.
Fain et Cᵉ., r. Hyacinthe, 25.
Fougueray, r. Pierre-Sarrazin, 11.
Garnier, r. de la Harpe.
Giguet et Michaud, r. des Bons-Enfans, 34.
Gillé, r. S.-Jean-de-Beauvais, 18.
Gratiot, r. S.-Jacques, 17.
Groslevin, r. de Cléry, 9.
Gueffier, r. du Foin Saint-Jacques, 13.
Hacquart, r. Git-le-Cœur, 8.
Hardy, r. de la Harpe, 94.
Hénée et Dumas, r. S.-André-des-Arcs, anc. maison de feu M. Knapen, 3.
Herhan (stéréotipage), r. Pot de Fer, 14.
Hoffmann (J. C), r. de la Harpe, 29.
Hollier, r. du Chantre, 4.
Hugelet, r. des Fossés-S.-Jacques.
Huzard (madame), r. de l'Eperon, 7.
Imbert, r. de la V.-Monnaie.
Jeunehomme (Vᵉ.), r. de Sorbonne, 5.
Jusseraud, r. de la Vieille-Bouclerie, 9.
Lafolie, r. S.-Martin, 172.
Langlois, r. du Petit-Pont.
Laurens aîné, r. d'Argenteuil.
Laurens jᵉ., r. S.-Jacq., 61.
Leblanc, cour Abbatiale, 1.
Lefebvre, r. de Lille, 11.
Legras et Cordier, r. Galande, 43.
Lemaire, r. d'Enfer, 3 ou 9.
Lenormand, r. des Prêtres-S.-Germain-l'Auxerrois, 17.
Lepelletier, r. Française, 7.
Lerouge jeune, c. Rohan.
Lottin, cour Ste-Chapelle, 1.
Marchand (Adrien), r. des Grands-Augustins, 20.
Maison, r. Mâcon.
Michet, r. des SS.-P. 10.
Migneret, r. du Sépulchre, 20.
Millet, r. de la Tixéranderie, 6.
Moreaux, r. Traversière, 29.
Ogier, r. S.-Louis S.-Honoré, 6.
Orelly, r. Jean-Jacques, 14.
Pankouke (Vᵉ.), r. Grenelle S.-Germain, 7.
Patris, r. de la Colombe, 4.
Pertenneau, quai des Aug. 39.
Plassan, r. Vaugirard, 9.
Portmann, r. Neuve-des-Petits-Champs, 36.
Renandiere, r. des Prouvaires, 16.
Rousseau, r. du Foin-S.-Jacques, 13.
Seir (femme Jacob), r. des SS.-Pères.
Scherf, r. des Bons-Enf., 30.
Setier, r. de la Harpe, 94.
Stone, r. de Bondi.
Stoupe, r. de la Harpe, 4.
Tardieu (H). r. S.-André-des-Arcs, 68.
Testu, r. Haute-Feuille, 13.
Tiger, place Cambrai, 3.
Valade, r. Coquillère, 87.
Vuel, rue S.-André-des-Arcs, 20.
Xhrouet, r. des Moineaux, derrière S.-Roch.

( 36 )

Imprimerie Bibliographique, remplaçant celle du Sr. Glisson, r. Git-le-Cœur, 7.
Hy et Gando (march. d'ust. d'imprimerie), r. des Maçons-Sorbonne, 21.

*Marchands d'Estampes.*

Adam, place Vendôme, 25.
Aubert, (éditeur et propriétaire des tableaux de la révolution française et des campagnes d'Italie), r. S.-Lazare, 42.
Auvray, quai des Quatre-Nations, 2.
Bance aîné, r. S.-Denis, 214.
Bance jeune, r. Porte-Foin, 15.
Basan, r. et hôtel Serpente, 16.
Basset, r. S.-Jacques, 64.
Bénard, r. Froidmanteau.
Bertere, r. Barbette, 2.
Bevalet, r. du Théâtre-Français, 1.
Blairot, pal. du Tribunat.
Blin, r. des Noyers, 52.
Bonneville, r. S.-Jacques.
Bourgeois, pass. du Saumon.
Baunot, pal. du Tribunat, 43.
Cabany frères, r. de l'Aiguillerie, 2.
Caillard, r. de Lille, 23.
Capelin, passage Feydeau.
Chaise, r. de l'Echelle, 6.
Chaise jeune, r. N.-des-Petits-Champs, 51.
Chereau, r. S.-Jacques.
Clisorius, r. Neuve-Saint-Roch, 10.
Coipel, pass. de la Réunion.

Constant, pl. du Carrouzel.
Constantin, (dessin et gouache), quai de l'Ecole, 8.
Coquille, r. N.-des-Petits-Champs, 51.
Crochet, r. Boucherat, 13.
Crouzel, r. S.-Jacques, 30.
Defer, quai Voltaire, 13.
Depeuille fils, r. des Prêtres-S.-Germain-l'Auxerr. 22.
Demarteau, r. N.-des-Pet. Champs, 31.
Desmarais, r. du Bouloi. 26.
Devaisne, r. de Bussi, 6.
Devalle, r. de Bussi, 6.
Ducrocq, r. Neuve-Egalité, 12.
Dufour, r. S.-Antoine, 122.
Duval, quai de l'Amitié, 7.
Emmanuel, boulevard Montmartre, 11.
Fatou, boulevard des Italiens, 2.
Fontana, r. des Maçons Sorbonne, 15.
Fontana (Angelo), r. du Foin S.-Jacques, 14.
Fontana (Angelo), r. des Maçons-Sorbonne, 15.
Godet, quai Voltaire, 21.
Gosselin, boulevard Montmartre, 7.
Goubert, *idem*, 4.
Goubert, r. de Sorbonne, 14.
Grandpré, r. du Mail, 11.
Guérin, r. Poissonnière, 12.
Jaufret, palais du Tribunat, 61.
Jean, r. S.-Jean-de-Beauvais, 10.
Joubert et Sana, r. Jean-Jacques-Rousseau, 10.
Joubert, r. des Maçons-Sorbonne, 4.

Lamyre-Mory,

Lamyre-Mory, r. du Faub.-S.-Jacques, 277.
Lafontaine, r. de Cléry, 5.
Laneuville, r. St.-Thomas-du-Louvre, 19.
Lecaillon, p. S.-Michel, 48.
Leclerc, quai Malaquais.
Lenoir, r. S.-Jacques, 14.
Lenormand, passage Radziwill, 29.
Leroux, pl. Thionville, 24.
Leuris, r. du Helder, 12.
Lewis (J.-S.), (dépôt des estampes étrangères), r. du Helder, 12.
Louvet (Mad.), r. de la Mortellerie, 1.
Marcout, r. du Temple, 10.
Marthe, r. Bon-Conseil, 4.
Martinet, r. du Coq St.-Honoré.
Martin, r. des Fossés-Montmartre, 23.
Mathieu, r. de la Lune, 8.
Paillet, r. Vivienne, 18.
Pevrier, r. des Deux-Ecus, 33.
Portelle, r. S.-Honoré, 142.
Poujeot, r. du Coc, 7.
Remoissenet, quai Voltaire, 17.
Reslût, boulevard Montmartre, 9.
Reslût (Thom.), r. S. Marc, 10.
Robin, r. Vivienne, 5.
Robin, boulevard Italien, 17.
Roland, place Victoires, 8.
Quenet, r. Bergère, 5.
Salmon, passage Radziwill, 37.
Sechelle, Marché-Neuf, 8.
Simon, r. Froidmanteau, 9.
Toulouse (et tableau), cloître S.-Germain-l'Aux. 27.
Vérité, r. Neuve-des-Capucines, 11.
Vilquin, gr. cour du pal. du Trib., près la gal. de bois.

*Marchands de papiers.*

Aroux (Ch. M.), à écrire.
Beauvilliers, r. S.-Jacques, 47.
Bertaux, *id.*, 42.
Besnier, r. S.-André-des-Arcs, 115.
Blanché aîné, r. de Cléry, 24.
Blanché jeune, r. Pavée S.-André-des-Arcs, 155.
Bouchard, r. des Grands-Augustins, 7.
Carpentier, r. S.-Jacques, 29.
Charignon, r. du Hurepoix, 2.
Chaulin, r. St.-Honoré, 116.
Colignon, r. du Cimetière-S. André-des-Arcs, 11.
Dambrien et comp., r. Ste-Avoye, 65.
Defrenne et comp., r. de la Loi, 92.
Dericquehem, r. S.-Victor, 21.
Devaux, r. du Plâtre Saint-Jacques, 5.
Dufour, r. du Pont-de-Lodi, 3.
Duplessis, r. de Beaune, 25.
Egasse et compagnie, r. St.-Jacques, 21.
Emmery, r. S.-Severin, 10.
Erard, *idem*, 22.
Friloux Dubourg, r. des Rats, 14.

Crebanval, r. St.-Martin, 209.
Guillot, r. S.-Jacques, 174.
Guillot, r. Notre-Dame-des-Victoires, 14.
Guyot et Noël, r. du Mouton, 5, *à écrire*.
Herbin et comp., r. de la Verrerie, 52, *à écrire*.
Juste et Desgranges, r. Git-le-Cœur.
Lamberty et C⁰., r. d'Orléans, n 5, *à écrire*.
Langlois (Vᵉ.), r. S.-Jacques, 5.
Lauray, r. J.-J. Rousseau, 41.
Lefort, q. Malaquais, 5.
Lefranc, boulev. S.-Martin, 4, *à écrire*.
Lemaitre, r. du Four Saint-Germain, 27.
Letord fils, r. Mazarine, 53.
Levasseur, r. Hautefeuille, 11.
Malmenaide, r. Sorbonne, 4.
Mandar (Aug.), r. St.-Honoré, 26.
Marc père, r. des Saints-Pères, 49.
Mellier, r. du Hurepoix, 11.
Moulin et comp., r. Cimetière-S.-André, 9.
Odent et comp., r. de Seine S.-Germain, 6.
Ondry, r. du Hurepoix, 15.
Picardeau jeune, r. du Temple, 101.
Poupart, r. Ste.-Avoie, 12.
Ponche, r. Galande, 11.
Potcheron (Mad.), r. Bertin-Poirée, 46, *pap. d'impr.*
Querenet et comp. (Vᵉ.), r. S.-André-des-Arcs, 68.
Royer et Dufour, r. S.-Martin, 152.
Royer rue. Saint-André-des-Arcs.
Schoerk, boulevard Saint-Martin, 4.
Vincent, r. et hôtel Serpente, 16.

PARME.

Bodoni.
Faures frères.

PASSAU.

Ambrosi.
Rothwinkler.

PAU.

Tonnet.
Veronese.

PEGAU.

Gunther.

PENIG.

* La société typographique.

PERPIGNAN.

Alzine.
* Goully.
Reynier.
Testu.

PEST, *Hongrie*.

Kilian frères.
Pauer.
Trattner, *filial de Vienne*.
Weignan.

## PETERSBOURG.

Alici et comp.
Bouvat.
Destachling.
Dittmar.
Klostermann.
Klob.
Lamothe.
Legay.
Lissner.
Logan.
Mahler.
Schwayger.
Vernander.
Wittbrech (J-J.)
Wyard.

## PHILADELPHIE.

Moreau.

## PILSEN, *Bohême.*

Morgensauler (J.-J.)

## PIRNA, *Saxe.*

Arnold et Pinther.
* Schuffenhaur.

## PITHIVIERS.

Gilles.

## PLAUEN, *Saxe.*

* Haller.
* Wieprecht, et *C. L.*

## PLESS, *Silésie.*

Sohlich (G. Fréd.), *C. L.*

## POITIERS.

Barbier.
* Catineau.
Doussin.
Dubueil.
Guilleminet.

## POSEN.

* Decker *C. L.*

## POSTDAM.

Gerber, *C. L.*
Horwath (C. C.)
* Sommer.

## PRAGUE.

Barth (C.)
Calve (J. G.)
Clauser.
* Diesbach (J. J)
Geer (A.)
Gerle (Waffang).
Haas (G.)
Herrl (J.)
La librairie politique.
Michaelis.
Neureutter (M.)
Polt.
Schœnfeld (J. P. Von.)
Wiedmann (C.)

## PRESBOURG.

Anton-Lowe.
Mahler (Ph. Ulrich.)

## PUY.

Boisserand.
Crespy.

Clet.
Lacombe.

## QUEDLINBOURG.

* Bitterfeld (V⁰.)
Ernst (F. J.)

## QUIMPER.

Rarazer, *sur la place.*
Bouvet.
* Derrien.

## RASTADT.

* Sprinzing.

## RATIBOR.

Schleitz.

## RATISBONNE.

Junchel.
Monrag et Weiss.
Seyffarth.

## REIMS.

* Brigot.
Delaitre.
Delaplace.
Dorigny.
Lebatard.
Jeunhomme.
Leloyen.
Lequeux.
Prevoteau.
Vautrat et Dorigny.

## RENNES.

Blouet.
Eveno frères.

Frout.
Lescene.
Robiquet.
Remelin.
Vatar.

## RIGA.

Hartknoch (J, F.)
Muller, *et commiss.*

## RIOM.

Desgoutte.
Landriot et Rousset.
Salles (J C.), près le Palais
  de Justice.

## ROCHEFORT.

Bessiard.
* Bonhomme.
Fayle.
* Goulard jeune.
* Jousserant.

## RODEZ.

Ruisson.
Devic.

## ROME.

Barbiellini.
Bouchard et Gravier.
De Romani.
Imperiali.
Montagnati.
Piale.
Salvioni.

## RONNEBOURG.

* Haan.
* Schumann (Auguste). *Fonds*

*de librairie allemande,*
*française et italienne*
*et commis.*, C. L., etc.

## ROSTOC.

(*Mecklembourg.*)

Stiller (H. C.)

## ROTHENBOURG.

Class (J. D.)
* Hoit (J. H.)

## ROTTERDAM.

Arrenberg (V<sup>e</sup>. G. A.)
Balen (A. Van.)
Ball (Jean).
Bennet (L.)
Bothall (A.)
Bronkhorst (J.)
Cornel (N.)
Cemeline et comp. (J. D.)
Devost (J.)
Dyk (P. Van)
Ginkel (J. P. Van)
Groenendyk (J. A.)
Hake (C. R.)
Hendrikse (J.)
Hofhout et fils (J.)
Holstein (P.)
Koert (J. C.)
Kroefft (J. R.)
Krup (J. G.)
Krieger (W.)
Monheer (G.)
Pols (J.)
Sanden (J. van), *et nég.*
Thomson (J. J.)
Tuinzin (P.)
Vester et Dyk (V<sup>e</sup>.)
Vis (D.)

Waasbergen (S.)
Wolfsbergen (E. van)

## ROUEN.

Auzoult.
Barré.
Borrois.
Begin.
* Behourt.
Buhot.
* Dumesnil (V<sup>e</sup>.)
* Ferrand ainé.
Ferrand jeune.
Fleury.
Fouquet.
Frère, *et en papier.*
* Gallier.
* Guilbert.
Hermann.
Huc.
* Labbey, *et en papier.*
Lallemand, *et papier.*
Lemaître.
* Lenoir.
Marinier.
Messent.
Michel.
* Montier.
* Noël et Baudry.
Pan.
* Peraux.
Racine (Jean).
* Penaud.
Vallé frères.

## ROVEREDO.

Lugi.
Marchesani. (L<sup>s</sup>.)

## RUDOLSTADT.

* Bergmann.
Hotellett, *et commissionn.*
Langbein et Kluger.
Muller.

## SAALFELD.

* Wiedemann.

## SAGAN.

* Rohrig.

## SAINT-BRIEUX.

Gelino.
Lemonnier.
Prudhomme.

## SAINT-ETIENNE.

Boisserand.
* Boyer (V<sup>e</sup>.)
Garnier.

## SAINT-FLOUR.

Sardinne. (V<sup>e</sup>.)

## SAINT-GALL.

Hausknecht.
Hubert et comp.
Reutiner.

## SAINT-LO.

Adam.
Gamot.
Marais.

## SAINT-MALO.

* Hovius. (L. H.)
Venant.

## SAINT-OMER.

* Boubers.
Fettel. (V<sup>e</sup>.)
Huguet.

## SAINT-QUENTIN.

Deligne-Robin.
* Fouquier-Plomion, *et fournit tout ce qu'on désire en Librairie.*
Moreau père. (Venant Roch)
Moreau fils (Js. Valt.)
Robin. (César-Germain)

## SAINTES.

Charlier.
Delys.
Dupont.

## SALINS.

Considérant.

## SALZBOURG.

Duyle.
Meyer.

## SARAGOSE.

Poloy-Monge (P.), *Libr.*

## SAUMUR.

Buez.
Degouy frères.
Huette.

## SCHAFFHOUSE.
Heurti.

## SCHLEITZ.
Maucke (G.)

## SCHLESWICK.
Rohss (J. G.)

## SCHLEUSINGEN.
Hoffmann (C.G.)
Muller (J. G.)

## SCHNEEPFENTHAL.
Muller.

## SCHNOENBERG.
Arnold.
Beamgartner.
Paufler.
* Schill.

## SCHWABACH.
(*Anspach.*)

Milzer.

## SCHWEINFURTH.
Moritz.
Riedel.
* Volkhard.

## SCHWERIN.
Bodner.

## SEDAN.
Jacquemant.
* Morin.
Tessin.

## SENS.
Guillemard.
Tarbé.

## SEVILLE.
Novarre.

## SOISSONS.
* Courtois.
* Deville.
Duprez.
Fournier.

## SONDERSHAUSEN.
Osterloch (F.) *C. L.*

## SORAU.
Beygang et Ackermann.
* Winckser et *C. L.*

## STARGARD.
Denker *C. L.*
* Hendes (J.)

## STENDAL.
Franzen et Grosse.

## STETTIN.
* Effenhard.
Kaffke.

Leich.
Nicolai.

## STOCKHOLM.

* Arboren.
* Giorwel.
  Holmberg.
  Lochner.
  Sylverstolpe (G.)

## STOLPH.

Keller, *C. L.*

## STRALSUND.

Bencard, *et commiss.*
Groskurd, *C. L.*
Hoffmann. *C. L.*
Lange, *filat. de Berlin.*
* Struck (V<sup>e</sup>.)

## STRASBOURG.

* Bader (Ch.)
  Danebach.
  Emster et Exter.
  Fung.
  Kœnig (A.)
* Laurent frères.
  Levrault frères.
* Silbermann (J. H.)
* Treuttel et Würtz.

## STUTTGARD.

Cotta.
Erhard (C.)
Lofflund (F. C.)
Metzler (J.-B.)
* Steinkopff.

## SUHL.
(*Saxe.*)

Wiegand (Chr.) *C. L.*

## TARBES.

Dourdain.
Gardel neveu.
Bauque.
* Morel.

## TARTAS.

Saint-Horent.

## THIERS.

* Bernard, place du Péron.

## TORGAU.

* Kurz.
  Opitz. (H. W.)

## TOUL.

* Carré.

## TOULON.

* Aurel (A.)
  Card.
  Curet aîné.
  Hernandez.

## TOULOUSE.

Bonnefoi.
* Bellegarigue.
  Delahaue.
* Devers.
  Douladoure (V<sup>e</sup>.)

Duplaix.
* Fages.
Meillac et comp.
Manavit.
Sens.
Douladoure aîné.
Douladoure jeune.

## TOURNAY.

Prevost.
Varlé.

## TOURS.

Berges.
* Billaud.
Chamel.
* Letourmi.
Mame et Peschard.
* Vauguer-Lambert.

## TRESTOW.

Demate. *C. L.*

## TRÈVES.

Vauquier.

## TRIESTE.

* Colletti (J.)
Creutz (J. H.)
* Mechitarisii.
Orlandini (P.)
Promberger (A.)
Speraudio et comp.
* Wage, Fleissé et comp.

## TROYES.

André.
Garnier.
Gobelet.

Malet.
Sainton et fils.

## TUBINGEN.

Cotta.
Hernbrandt (J. F.)

## TULLES.

Chiracq.

## TURIN.

Balbinot. (Gaetan)
Bocca (Ch.)
Fantin.
Morand.
Pic et Giraud.
Reycends frères.
Toscaelly et comp Ch. M.)
Toscalini (J. M.)

## ULM.

Stettin.
Wahler.

## UPSAL.

L'Académie de Librairie.

## UTRECHT.

Bosch.
Cornel.
Lefevre.
Sorly.
Spruyt.
Van Paddenburg.
Wild et Alther.

## VALENCE.
### (Drôme.)

* Damas.
Muguet.
Virer.
Marc-Aurelle.

## VALENCIENNES.

Boucher.
Carpentier.
Deprez.
Huez.

## VALOGNE.

Clamorgan.
Lemaitre.

## VANNES.

Bizet (V.°)
Forest.
Legal.
Mahé (V.°)

## VARSOVIE.

Alecy (P.)
Fietta.
Groell.
Possel.
Rousseau.
Wilke.

## VENISE.

Peltinelli.
Ceisler (Silvestre).
Geisler.
Pezzana.
Storti (G.)

Zatta (A.)
Zeletti (P.)

## VERDUN.

Fourcault.
Guillot.
Villers.

## VERONNE.

Carrattoni.
Gintiari.
Moroni.

## VERSAILLES.

Auger.
Blaizot.
Etienne.
Locard.

## VERVIERS.

Kaldenberg.

## VEZOUL.

* Bobeiller.
Lepagnez cadet.
* Poirson.

## VEVAY.

* Chenebié et Lortscher.

## VIENNE.

Alberti-Camesia.
Binz (J. C.)
Bernardi (A.)
Blamaner (A.)
Camesia et comp. (J.)
Degen (J. V.)
Doll (Aloys).

Doll (Ant.)
Gai jeune.
Gaistinger (J.)
Gasstel (A.)
Graffer ainé.
Graffier jeune.
Haus (F.)
Harting (J. D.)
Hohenleitner.
Horleing.
Keyser.
Kotzel.
Krantz.
Mossler (J. J.)
Paulingenius (G.)
Rehm (Ve.)
Reimer.
Rotzel (F. J.)
Schalbacher (J.)
Scheonfeld frères.
Schaumbourg et comp.
Schmidtbauer (T.)
Sommer (R.)
Stahebel et comp.
Trattner (J. T.)
Wallishauser (J. B.)
Wappler et Buk (C. F.)

## VILLINGEN.

( *Brisgaw.* )

Salori et Wagemann.

## VIRE.

Dravet.

## VITRY.

( *Sur Marne.* )

* Seneuze.

## WALDENBOURG.

* Witzchel, et *C. L.*

## WAISSA.

Hansel (C.)

## WEIMAR.

Gadicke frères.
* Glusing.
Hoffmann (les H.) *C. L.*

## WEISSEMBOURG.

( *Bavière.* )

Jacobi frères.
Schmidtbaner.

## WEISSENFELS.

* Severin et comp. (F.) *C. L.*

## WERNINGERODE.

* Stuck (C. S.)

## WESEL.

Roder (J. J.)

## WETZLAER.

Winkler (Jn. Rudolf.)

## WINTERTHUR.

( *Suisse.* )

Steiner.

## WIRZEBOURG.

* Blanck.
  Gelchard (Ve.)
  Koly.
  Runer (F. X.)
  Stahl et fils (Ve.)

## WITTEMBERG.

* Carasius (A. C.)
  Kuhne (F. G.)
* Melzer.
* Tochiedrich.
  Zimmermann (J. G.)

## WOLFENBUTTEL.

(*Basse-Saxe.*)

Albricht.
Kuhnlin (J. H.)

## WRUNZIEDEL.

(*Bavière.*)

* Muller frères.

## YPRES.

Lecler.
Remy.

Valwien.

## YVERDUN.

* Civaz.
  Dupujet.
  Félice.

## ZEITZ.

Heinse (G. H.)
* Hugo (C. G.)
  Muller, *C. L.*
* Webel, *C. L.*

## ZELLE ou CELLE.

Schultz (G. E.)

## ZERBST.

* Fuschsel (A.) *C. L.*
* Kramer (J. W.)
* Weitzmann (J. Léop.)
  Van Zimmernn.

## ZITTAU.

(*Lusace.*)

* Franke.
* Muller (G.)
  Schops, *C. L.*

## ZULLICHAU.

(*Silésie.*)

Darnmann (C.)
Frommen (F.)

## ZURICH.

Fussly et fils, *C. L.* et
  estampes.
* Gusner (H.)
* Heiddegger et comp.
  Naf (K.)
  Orell - Fussly et comp.

Ziegler

Ziegler (les enf.)

## ZUTTFEN.
*(Frise.)*

Thienne.

## ZWICKAU.
*(Saxe.)*

Pfandler (L.)
* Hoffer (E. G.)

---

*Maisons étrangères qui font des ventes de livres à l'encan, et la commission de vente ou d'achat en livres de fonds et de tous pays.*

## BREMEN.

Frese.
Körber.

## COBOURG.

Mensel.

## COTBUS.

Expédition des Gazettes.

## FRANCFORT.

Doring.

## FREIBERG.

Klemmer.

## GERA.

Ellgen.

## HAMBOURG.

Backhaus.
Brand.
Etreig.
Kots.
Parcy.
Rohl (Fr.)
Rapruht.

## HANOVRE.

Frendenthal.

## JENA.

Fiedler.

## LANDSHUT.
*(Silésie.)*

Scholtz.

## LEIPSICK.

Barthel.
Barabuk.
Graupner.
Hager.
Hedrich.
Hetzer.
Rau.
Schumann.
Vogel.

## LEYDE.

Murray frères.

## LUBBEN.

Richter.

## LUBEC.

Romhild.
Rolff.

## MADRID.

Don Domingo Alonzo.

## MAGDEBOURG.

Poppe.
Pries.

## MOSCOW.

Riss et Saucet.

## RUDOLSTADT.

Hottelet.

## STUTTGARD.

Helferich.

---

*En livres à l'usage des Juifs et autres.*

## BRESLAU.

May.

## FURTH.

Zerndorfer.

---

*Fondeurs en caractères d'imprimerie, à Paris.*

Barbot, r. des Lavandières, 18, près la place Maubert.
Beaulieu, r. des Postes, 45.
Borniche, r. des Mathurins, 2.
Delalain et Boucher, r. du Faubourg St.-Jacques.
Demailly oncle et Massias, r. des Postes, 34; et à Lille, r. du Nouveau Siècle.
Demailly neveu, r. du Cimetière S.-André, 7.
Didot (Firmin), r. du Regard, 1.
Fournier (mesdem.), place de l'Estrapade, 45.
Gando fils, r. des Maçons Sorbonne, 21.
Gillé, (et imprimeur), r. S. Jean-de-Beauvais, 18.
Jacquemin, r. de Bussy, 16.
Joannis, cl. S.-Benoît, 10.
Léger, r. du Hurepoix, 17.
Lion, r. S.-Jacques, 103.
Martin, r. Hautefeuille, 20.
Molé, r. de Tournon, 33.
Vernange, r. Poupée, 16.
Vibert, (graveur), r. Mâcon, 15.
Wafflard, r. des Chanoinesses, cl. Notre-Dame.

*Journaux et Feuilles périodiques qui annoncent les Livres nouveaux.*

AFFICHES, Annonces et Avis divers, ou Journal de France. Chez le directeur dudit Journal, r. Neuve-Saint-Augustin, 3 et 5. Prix, 12 f. pour 3 mois, 22 f. pour 6 mois, et 42 f. pour 1 an.

AFFICHES (Petites) de Paris, ou Journal général d'Annonces. Chez le directeur, r. des Petits-Champs, 20. Prix, 12, 22, et 42 f.

AFFICHES (Petites) de la rue d'Argenteuil ; chez Laurens aîné, propriét. dudit Journal, r. d'Argenteuil, 17. Prix, 12, 22 50 c., et 42 f.

ANNALES de l'Architecture et des Arts. Chez Camille, directeur, r. Neuve-S.-Eustache, 5, hôtel de l'Athénée des Etrangers. Prix, 10, 19 et 36 f.

ANNALES de la Calcographie générale, ou Histoire de la Gravure ancienne et moderne, française et étrangère. Chez Vallin, éditeur, r. de Seine, faub. S.-Germain, 31. Prix, 10 50, 18 et 21 f.

ANNALES des Voyages, de la Géographie et de l'Histoire; ou Recueil périodique des Voyages nouveaux les plus estimés, traduits de toutes les langues européennes; des Relations originales, inédites, communiquées par des Voyageurs Français et Etrangers; et des Mémoires historiques sur l'origine, la langue, les mœurs et les arts des Peuples, ainsi que sur le climat, les productions et le commerce des Pays jusqu'ici peu ou mal connus ; accompagné d'un *Bulletin* où l'on annonce toutes les découvertes, recherches et entreprises qui tendent à accélérer les progrès des sciences historiques, spécialement de la Géographie, et où l'on donne des nouvelles des Voyageurs et et des extraits de leur correspondance. Avec des cartes et planches gravées en taille-douce. Publiées par M. Malte-Brun. Le prix de la souscription est de 24 fr. pour Paris, pour 12 cahiers, que l'on recevra *francs de port* ; et de 14 fr. pour 6 cahiers. On ne peut souscrire pour moins de 6. Le prix de la souscription pour les départemens, est de 30 fr. pour 12 cahiers rendus *francs de port* par la poste, et de 17 fr. pour 6 cahiers. Pour les Pays hors de France, on ajoutera 5 fr. de plus pour le port double par la poste des 12 cahiers : et 2 fr. 50 c. pour le port double de 6 cahiers.

L'argent et la lettre d'avis doivent être affranchis et adressés à M. Buisson, libraire, r. Gît-le-Cœur, 10, à Paris. (Toute lettre non affranchie ne sera pas reçue.)

COURRIER de l'Europe et des Spectacles. Chez Gougis, directeur du Bureau, r. Neuve-S.-Augustin, 5. Prix, 15, 28, et 54 f.

FEUILLE économique. Chez Courcier, quai des Augustins, 71. Prix, 8, 15, et 28 f.

GAZETTE de France. Rue Christine, 5. Prix, 15, 30, et 60 f.

GAZETTE nationale ou le MONITEUR universel. Chez Agasse, propriétaire, r. des Poitevins, 14. Prix, 25, 50, et 100 f.

— de Santé, ou Journal analytique. Chez Lefévre, r. de Lille, 11. Prix, 15 f.

GLANEUR littéraire, ou Journal des Sciences et des Arts. Chez Fréchet, r. du Petit-Bourbon-Saint-Sulpice, 4. Prix, 15 f.

JOURNAL de Commerce, de politique et de littérature. Chez le directeur du Journal, r Helvétius, 71. Prix, 15, 29, et 56 f.

— de l'Empire. Chez Geoffroy, r. des Prêtres-St-Germain-l'Auxerrois, 17. Prix, 15, 30, et 60 f.

— de Paris. A l'imprimerie, r. Trainée, 17. Prix, 15, 29, et 56 f. pour les départ. 13 50 c., 26, et 50 f. pour Paris.

— des Dames et des Modes; chez Lamesengère, r. Montmartre, 183, près le boulev. Prix, 9, 18, 36 f.

— de Médecine, Chirurgie, Pharmacie, etc. Chez Migneret, r. du Sépulcre, 20, et chez Méquignon aîné, r. de l'Ecole de Médecine, 5 et 9, vis-à-vis la r. Hautefeuille. Prix, 16 et 20 f.

JOURNAL de Médecine pratique. Au Journal, r. d'Argenteuil, 37, près le passage Saint-Roch. Prix, 8, et 12 f.

— des Mines, ou Recueil de Mémoires. Chez Croullebois, r. des Mathurins, 7.

— des Gourmands et des Belles. Chez Capelle et Renand, r. J. J. Rousseau. Prix, 12 f.

— d'économie rurale et domestique, ou Bibliothèque des Propriét. ruraux. Chez Colas, au bureau général, r. du Vieux-Colombier, 26. Prix, 7, 12, et 24 f.

JOURNAL de Physique, de Chimie, d'Histoire naturelle et des Arts. Chez Fuchs. Prix, 12, et 25 f.

— du Soir. Chez Chaigniau, r. de la Monnaie, 42. Prix, 13, 25, et 48 f.

— général de Littérature étrangère. Chez Treuttel et Würtz, r. de Lille, près la rue Marie. Prix, 11, et 21 f.

— général de la Littérature de France. Chez Treuttel et Würtz, r. de Lille, près la rue Marie. 17. Prix, 14, et 21 f.

— général de Médecine, de Chirurgie, de Pharmacie, etc. Chez Croullebois, r. des Mathurins, 17.

— Judiciaire. Chez le directeur du Journal du Palais de Justice, r. Neuve-des-Bons-Enfans, 7. Prix, 9, 16, 30, et 13, 24 f.

— Typographique et Bibliographique, (tous les lundis).

Chez Dujardin, Sailly, rue d'Enfer, 14.

Magasin encyclopédique, ou Journal des Sciences, des Lettres et des Arts. Chez Doublet, à l'Imprimerie Bibliographique, r. Git-le-Cœur. Prix, 10, 21, 41 f.

Mercure de France, Journal historique et politique. Chez Lenormant, r. des Prêtres-S.-Germain-l'Auxerrois, 17. Prix, 12, 24, et 48 f.

Revue (la) Philosophique. Au directeur, r. du Vieux-Colombier, 26, près la Croix-Rouge. Prix, 13, 25, et 48 f.

Publiciste (le). Chez Xhrouet, r. des Moineaux, 16. Prix, 9, 16, et 30 f.

Télégraphe littéraire (le), ou le Correspondant de la Librairie. Chez D. Colas, rue du Vieux-Colombier, 26. Prix, 7 50, et 12 f.

The Argus; Or London Reviewed, in Paris. Souscription 18 f., or 15 schillings. Printed by Cussac, r. Croix-des-Petits-Champs, 23.

*Fin du Manuel.*

~~~~~~~~~~~~~~~~~~

# SUPPLÉMENT ET AVIS TARDIFS.

(*Nota.* La lettre *m*, qui se trouve après chaque nom, indique qu'il faut le supprimer; et la lettre *a*, indique qu'il faut ajouter le nom à la ville qui le précède.)

### AIX-LA-CHAPELLE.

Borchon. (L. F.) *m.*
Niver et Gudel. *m.*
Saint-Aubin et fils. *m.*

### ALENÇON.

Jouanne. (A.) *m.*

### AMIENS.

Caron aîné. *m.*
Maisuel fils. *m.*

### AMSTERDAM.

Coders. *m.*
Velding (N.) *m.*
Verlem (J.) *m.*
Warnart. (G.) *m.*
Yutenca et comp. *m.*

### ANGOULÊME.

Borral. *ajouté.*

### ANVERS.

Caravel. *m.*

## BASLE.

Decker. (J.) *m.*
Schoel et comp. *m.*

## BASTIA.

Batini. *a.*
Mutel. *a.*

## BAYONNE.

Treheu et Gosse (V$^e$.) *m.*
Fauvé-Duhart. *a.*

## BEAUVAIS.

Chedin. *m.*

## BERLIN.

Vinlaug. *a.*

## BÉZIERS.

Jaume fils. *a.*

## BLOIS.

Darnauld-Goudron. *a.*

## BORDEAUX.

Bergeret neveu. *m.*
Bulkel. (V$^e$.) *m.*
Brossier. *m.*
Castillon frères. *m.*
Lacourt. *m.*
Philibert. *m.*
Pellier (Mad.) *m.*
Plaisance. *m.*

## BOULOGNE.

* Buttet ; *lisez* Battul. *a.*
Griset. (Yvin.) *a.*

## BOURG.

* Bottier.

## BREST.

Aucier.

## BRISTOL.

Price. *a.*

## BRUGES.

Debuscher-Marlier. *a.*
Marlier. *m.*
Vanpraet. *a.*

## BRUNSWICK.

Fauche fils et comp. *m.*

## BRUXELLES.

Colaer. *m.*
Gambier. *a.*
Lammens. *m.*
V$^e$. Lemaire. *a.*
Vanderberghen. *m.*

## CADIX.

Bertrand et fils. *m.*
Hermill. *m.*
Moreau. *m.*
Salvador, Valverde et fils. *m.*

## CAMBRAY.
Hurez-Champion. *a.*

## CARCASSONNE.
Polece, *lisez* Polère.

## CARPENTRAS.
Pesure. *a.*
Proyet. *a.*
Quenin. *a.*

## CASTELNAUDARY.
Pagan, *lisez* Payan.

## CHALONS. (*Saône et Loire.*)
Delivoni fils. *a.*

## CHATEAU-GONTIER.
Homo père.

## CHERBOURG.
Coquierle. *a.*

## COBLENTZ.
Hériot. *a.*

## COLOGNE.
Flommers. *a.*
Oldenkoven et Thiriard. *m.*

## COPENHAGUE.
Philibert. *m.*

## COUTANCES.
Aillaud. *a.*
Joubert. *a.*

## COIMBRE.
Orcel. *a.*
Semond. *a.*

## DIJON.
Bayne. *a.*
George. *a.*

## DOUAY.
Draguignan. *a.*
Fabre. *a.*
Millon. *a.*

## FLORENCE.
Landy et comp. *a.*

## FOIX.
Piatti. (G.) *a.*

## FONTENAY. (*Vendée.*)
* Habert. *a.*
* Goichot. *a.*

## GÊNES.
Fantin, Gravier et comp. *m.*

## HAVRE.
Hue. *a.*

## KOENIGSBERG.
George-Muller. *a.*

## LAROCHELLE.
* Bouillé frères. *a.*
Legier. *m.*
Pintenelle. *m.*

## LAUSANE.

Paff. *a.*
Léopol Colembergh. *a.*

À LAVAL, *supprimez toute la nomenclature des Libraires, et substituez celle suivante, qui est plus exacte.*

* Bouttevillaiu-Grandpré.
Genouel.
Huguercau.
* Poitier.

## LEYDE.

Vandamme. *m.*

## LILLE.

Dane, *lisez* Danel.

## LISBONNE.

Rey. ( P. Bos. ) *a.*

## LONDRES.

Bensley. *a.*
Deboff. *a.*
Duleau. *a.*

## LORIENT.

Auzou. (V<sup>e</sup>.) *a.*
Duquenel. (aîné.) *a.*

## LOUVAIN.

Michel. *a.*

## LYON.

Burreau (V<sup>e</sup>.), *lisez* Barreaux.
Brusset aîné, etc., *lisez* Bruyset. *a.*
Livany. *a.*

## MADRID.

Barthelemi frères. *m.*
Facundo. *a.*
Pernier. *a.*

## MALINES.

Hœnick. (B.) *a.*
Keit. (B.) *a.*

## MANHEIM.

Artaria. *et estampes. a.*

## MANTOUE.

Bianchi. (Aud.) *a.*

## MARSEILLE.

Blanchard et comp. *a.*

## MAYENCE.

Leroux (A.) et comp., *lisez* Leroux fils et comp.

## MEAUX.

Fouque. *a.*
Melun. *a.*
Prévot. *a.*

## MILAN.

Mainard. *a.*

## MONS.

Martin. *m.*
Wilmet. *m.*
Hoyois. *a.*
Moujot. *a.*

## MONTPELLIER.
Fontanes, *lisez* Fontanel.
Videl. *m.*

## MOULINS.
Esnault. *m.*

## NANCY.
Delancourt. (V<sup>e</sup>.) *m.*

## NANTES.
Biset. *a.*
Gaillard, *lisez* Caillard.

## NISMES.
Beaume. *m.*

## PARIS.
Blaise, quai des Augustins, 61. *a.*
Brunot-l'Abbé, quai des Augustins, 33.
Cavagnac (Mad.), passage du Panorama, 5. *a.*
* Cellot, r. des Grands-Augustins, 9. *a.*
Chenu, r. S.-Martin, 96. *a.*
Desmarets (Madame), r. de l'Arbre-Sec, 10, au lieu de Pillot.
Fages, boulevard S.-Martin, 29. *a.*
Gautier et Bertin, r. Saint-Thom.-du-Louvre, 31. *a.*
Jombert, r. de Thionville. *a.*
Lavernette (Mad.<sup>e</sup>), et cabinet littéraire, r. S.-Honoré, 334.
Leclerc jeune, boulevard S.-Martin, 11. *a.*
Nepveu, passage du Panorama. *a.*
Orizet, place S.-Michel, 2.
Pougin, r. S.-André-des-Arcs, 39.
* Vinçard, rue des Prêtres-S.-Severin, 4. *a.*

## PARME.
Blanchon.

## PAVIE.
Comino.

## PERIGUEUX.
Debreuil. (V<sup>e</sup>.) *a.*

## PERPIGNAN.
Ay. (B.) *a.*

## PETERSBOURG.
Angilback. *a.*
Legay. *m.*
Willbreck. (J. J.) *m.*
Zicuzen. (H. *noir.*) *a.*

## POITIERS.
Doussin. *m.*
Dubreuil. *m.*

## PUY.
Grobon. *a.*

## REIMS.
Jeunhomme. *m.*
Prevoteau. *m.*

## RENNES.
Blonet, *lisez* Blouet (Mlles.)
Robiquet. (Mlles.)
Godefroy. (Mlles.) *a.*
Brutté. *a.*
Duchesne. *a.*

### RODEZ.
Ruisson, *lisez* Buisson.

### ROUEN.
Auzouet. *m.*

### SAINT-OMER.
Roubert. *m.*

### SEDAN.
Jacquemart. *m.*

### SOISSON.
Deville. *m.*
Waroquier. *a.*

### TARBES.
Rauque, *lisez*, * Rauque-Morel.
Morel *m.*

### TARASCON.
Tassi. *a.*

### TOULON.
Card. *m.*
Sicard. *a.*

### TOULOUSE.
Aurel. (Aug.) *a.*
Gaude. *a.*
Prunet. *a.*
Viensen. (V${}^e$.) *a.*

### TOURNAY.
Maillée. *a.*

### VERCEIL.
Panialis. *a.*

Verdun.
Villet. (Charles)

### VIENNE. (*Isère.*) *a.*
Vedeilhée. (Mad.) *a.*

## CHANGEMENS DE DOMICILE.

Batillot jeune, ci-devant r. Hautefeuille, actuellement r. du Battoir, 16.
Blanché jeune, *papetier*, r. Pavée S.-André-des-Arcs, 155, *lisez* 12.
Caillot, r. du Hurepoix, 9 au lieu de 17.
Delalain fils, r. des Mathurins, 14.
* Dentu, r. du Pont-Lodi, 3.
Déterville, rue Hautefeuille, 8.
Fournier frères, r. Poupée, 6.
* Hénée et Dumas, ci-devant rue S.-André-des-Arcs, 3, maison de feu M. Knapen, actuellement r. et vis-à-vis l'Eglise Saint-Severin, 8.
Lajonchère, palais du Tribunat, 13 et non 10.
Lebour, *idem*, galerie de bois, 197.
Lepetit, *idem*, *idem*, 16.
Magimel, r. de Thionville 9.
Parsons et Galignani, r. Vivienne, 14.

www.ingramcontent.com/pod-product-compliance
Lightning Source LLC
LaVergne TN
LVHW022123080426
835511LV00007B/998